XIN SHIDAI DAXUE KECHENG
FAZHAN YU BIANGE YANJIU

新时代大学课程发展与变革研究

高有华◎著

安徽师范大学出版社
·芜湖·

图书在版编目(CIP)数据

新时代大学课程发展与变革研究 / 高有华著. — 芜湖：安徽师范大学出版社，2018.10
(2025.1 重印)
ISBN 978-7-5676-3866-2

Ⅰ. ①新… Ⅱ. ①高… Ⅲ. ①高等学校 — 课程改革 — 研究 Ⅳ. ①G642.3

中国版本图书馆CIP数据核字(2018)第267270号

新时代大学课程发展与变革研究　　高有华◎著

责任编辑：潘　安
装帧设计：丁奕奕
出版发行：安徽师范大学出版社
芜湖市九华南路189号安徽师范大学花津校区
网　　址：http://www.ahnupress.com/
发 行 部：0553-3883578　5910327　5910310(传真)
印　　刷：阳谷毕升印务有限公司
版　　次：2018年10月第1版
印　　次：2025年1月第2次印刷
规　　格：700 mm×1000 mm　1/16
印　　张：13.625
字　　数：200千字
书　　号：ISBN 978-7-5676-3866-2
定　　价：55.00元

自 序

古希腊哲学家赫拉克利特指出，世界上再没有比变化更实在的了。变化是普遍的不可抗拒的力量，在这个力量面前，任何事物都不能停滞不前。从1918年博比特出版《课程》一书，标志着课程论诞生，一百年来，课程领域出现了新的理念和实践形态，如果不能及时把握这一转变并在实践中实现这一转变，而是像著名课程专家施瓦布指出的那样，仍然“深蒂固、不加检验地和想当然地依赖一时得方法和原理，那么就会使课程领域变得奄奄一息，到令人失望的境地，课程工作不可能得以继续并为教育的进展作出重要贡献。

关于课程形态周期性突变规律研究，20世纪末期，到21世纪新时代以来，以派纳为代表，以现象学、解释学等为理论基础，用社会批判、人文理解等研究方法，其特点是把批判地分析课程的社会背景因素作为课程研究的重心，把重点放在学校生活世界的意义诠释或理解，来建构课程理论。理解课程理论的创建，使课程领域的各要素从理论基础到价值取向，从内容到范式，从理论到实践，从过程到结果，从主体到客体，都发生了根本性转变，使课程与教学整合的趋势出现了“课程教学”新的课程理论和实践形态。

作为大学教育教学的“心脏”、大学教育教学改革的“轴心”——大学课程，如何前进，向何方前进？本书以大学通识教育课程发展研究与改革、大学选修课程发展研究与改革、大学课程国际化发展研究与改革、大学课程生成机制发展研究与改革、大学课程制度发展研究与改革、大学课程评价制度发展研究与改革为内容，从大学课程面临的问题出发，探索了大学通识教育课程、选修课程、国际化课程、课程生成机制、课程制度、课程评价制度的历史演变进程，在对具有国际影响力的大学课程实践及其成果进行比较、分析、借鉴基础上，提出了关于大学通识教育课程、选修课程、国际化课程、课程生成机制、课程制度、课程评价制度的变革策略，以此来揭示大学课程突变后新的实质、特性、概念范畴等，展现新时代的新课程形态，以利于我国大学的课程形态转型升级，使我国大学建设具有世界大学新时代前沿水平的课程体系，确保培养具有复合型、创新性、高素质的现代化高级专业人才，从而促进我国高水平大学和“双一流大学”的建设。

目 录

第一章　大学通识教育课程发展研究与改革

通识教育作为起源于西方的一种教育理念，对东西方的教育思想都有深刻的影响。其最终目的是让人得到解放和自由，通识教育课程可以看做是通识教育的实践形式，所以就要求通识教育课程内容具有道德性、基础性、普遍性以及广泛的适用性，在结构上应该以选修课为主，在实施过程中，应将课程作为知识、经验和活动的有机结合，做到知识、经验和活动的有效平衡和不断超越。

第一节　大学通识教育课程研究缘起

随着人类社会进入21世纪，科技飞速发展以及全球化的影响，社会对人才的要求越来越强调综合性、创新性和高素质，于是，通识教育的理念和课程开始受到人们的关注和认识。

一、实施通识教育的要求

通识教育目前成为大学教育的共识，而课程是实施通识教育的重心。正如克拉克·克尔所说，课程是一个大学给予人们现在掌握的知识和经验总量的陈述，它在某个特定时期对“有教养的人”的生活是有用和合适的。所以，要实现通识教育的目的，不仅仅有通识教育的理念，还要落实到实践层面。

在实践层面落实通识教育，开设的通识教育课程应体现出为通识教育理念服务，然而，许多大学通识教育课程中设置专业类课程，并不能体现出通识教育理念，不能实现学科知识的综合性和创新性。

二、通识教育课程结构和内容单一

大学开设的通识教育课程结构单一，以我国某重点大学物理学专业的通识教育必修课程为例，基本开设的是公修类课程，包括近现代史纲要、社会实践等，共计16个学分，约占25.0%；体育类课程，共计6个学分，约占9.38%；语言工具性课程，如大学语文、大学英语，共计12个学分，约占18.8%；还有数学、物理、计算机类课程，共计27个学分，约占42.2%。从必修与选修来看，公共必修课程多，选修课程少。在课程内容上，这些课程又过分偏重于某一领域学科，内容单一，不符合通识教育课程的基础性和非专业性的要求。

三、外国大学通识教育课程改革提供了方向

美国的大学对通识教育的发展有卓越的贡献，通识教育史上的几个重要报告如《耶鲁报告》《通识教育计划》等都是由美国大学教育专家制定并实施的，对世界大学通识教育产生了深远影响。美国大学的通识教育课程处于比较成熟的阶段，为其他国家大学通识教育课程的改革提供了借鉴。

第二节　国内外大学通识教育课程的发展

一、美国通识教育课程的发展

1.第一次通识教育运动

美国的通识教育植根于欧洲的自由教育思想，19世纪以来，随着政治、文化、经济的迅速发展，通识教育不断调整方向，内容丰富，形成了成熟的通识教育课程体系。

在通识教育运动早期，美国的高等教育沿袭英国模式，以培养绅士为目的，注重人文修养。大学课程没有专业之分，基本分为固定课程与古典课程。亨利·邓斯特在哈佛大学首次开设的正式课程，参见表1–1。

表1-1　亨利·邓斯特在哈佛大学首次开设的正式课程

年级	课程名称
一年级	逻辑、希腊文、希伯来文、修辞、教义问答等
二年级	伦理学、政治学、阿拉伯文、希腊文、修辞、教义问答等
三年级	天文、数学、希腊文、叙利亚文、教义问答

邓斯特承袭了牛津、剑桥的博雅精神，并进行了一些革新，设置了数学和自然科学，以弥补侧重古典语文的偏失。这些课程是每一位学生都必须修习的。

1756年，费城学院开始开设比较实用的科目，在博雅教育中加入了科学实验和实用技艺的科目。因为创建学校的富兰克林（Benjamin Franklin）自己是自学成才，并且早年从事印刷工作和科学实验，所以学校注重实用人才的培养，课程趋向于博雅和实用并重，开设了化学、航海、动物学、农业、机械、贸易以及政治学等科目，并在随后几年设置了医学讲座。

美国独立后，社会经济的快速发展，古典课程遇到了现实的瓶颈，各学院开始纷纷开设农业、自然科学等职业课程，同时对“博雅教育”提出质疑。1828年，耶鲁大学发表了著名的《耶鲁报告》，认为“提供心灵的训练和教养”，是高等教育的首要任务。“训练”是指扩展心能的力量，“教养”指要充实具有知识的心灵。严厉拒绝大学开设农业、自然科学等实用课程，认为职业的专门课程不应该在大学存在。《耶鲁报告》还坚信，“通才教育”

对学生从事任何职业都是必要的。1829年，帕卡德（A. S. Packard）发表文章支持《耶鲁报告》，并第一次使用“通识教育”来讨论共同科目学习的必要性。《耶鲁报告》和之后倡导的“通识教育”，常被称为第一次的“通识教育运动”。

2. 自由选修理念的引入

19世纪初，大量的美国学生到德国留学。1809年，德国柏林大学创设之后，极力倡导大学的“科研”功能，认为大学不仅仅在于教授已有的知识，更重要的是探索和研究未知的知识，所以，大学必须赋予老师“教的自由”，学生“学的自由”，这是柏林大学学术自由的基本含义。美国学生将注重研究和学术自由思想带回了美国。美国的许多大学受到德国大学教育思想的影响，“教学自由”和“学习自由”的理念在美国大学越来越受到欢迎，课程趋向于自由多元，不少课程诸如自然科学、现代语文以及法律政治等受此影响开始开设。也在此时，美国引入了选修制。私立的新兴大学深受影响，例如康奈尔大学，目的在于造就工业社会中有用的人，而不是培养绅士，强调职业技术学科，宗旨为“任何人都可以来学，任何科目都可以开授”，学生可以广泛选课。1869年，埃利奥特在就职演讲中提到“本大学认为文学和科学之间并无真正地水火不容……古典文学和数学，自然科学和形而上学之间没有互不相容。我们可以同时拥有这些科目，而且开设得最好。每个学生都应该对自己的学习科目有选择权”。上任开始就建立选修制度，以选修课冲击古典课程，给予学生选课的权力。选修课制度符合美国当时发展的状况，后来，美国绝大多数的大学都或多或少地实行了选修课制度。

3. 第二次通识教育运动

自由选修制并未对学生的课程选择做出要求，导致学生避难就易，所学知识没有系统性，使得毕业生良莠不齐。1909年，劳威尔担任哈佛大学的校长，开始了“第二次通识教育运动”。劳威尔就任后，首先取消了自由选修制，实行集中与分配制。即在16门课程中，必须在某一个学科或领域集中修习6门课程，在文学、自然科学、历史、数学这4个分类必修中每类选修1门共计4门课程，其余6门课程自由选修。

在第二次通识教育运动中，通识教育课程中新设了纵览概论性科目，旨在将广泛的学术知识做大纲概要式介绍，理论基础是人类知识在不断扩大增加，如果没有这种概要式介绍，学生难以获得当今知识的全貌。例如哥伦比亚大学著名的“当代文明”课程，内容即将西方人类文明从政治、经济、建筑、艺术、工艺、科学、航海等多方面做综合说明和探讨。

4. 自由主义社会中的通识教育

通识教育课程中开设概论性课程，许多学者是反对的，认为大学的概论性课程没有实质内容，其中，最著名的是赫钦斯。1928年，赫钦斯对芝加哥大学进行了大胆的改革，推行了《芝加哥计划》。赫钦斯认为“高等教育的首要目的是发展理智能力，其他的任何目的都是次要的”，所以他主张所有课程应建立在具有永恒价值的研究上，而名著是“古今人类的智慧精髓及文化宝藏，是通识教育取之不尽的教材来源，经过去芜存精地筛选，即可作为通识教育的最佳内容”。因此他选聘专家遴选古今中外名著，作为学生的必修课程。大一学生学习古希腊时期大思想家的经典著作，大二主要学习古罗马、中世纪和文艺复兴时期的经典著作，大三学习17、18世纪的经典著作，大四学习19世纪至今的名著。赫钦斯认为只有这种名著式的通识教育课程，才能使学生得到教育的广博性和永恒性，并主张所有的课程都建立在基本而具有永恒价值的研究上。但因其实施中的种种困难，最终只在圣约翰学院实施名著课程。

1933年，科南特接任哈佛大学校长。1943年，科南特组成委员会，专门研究通识教育问题，历时两年，委员会提交《哈佛通识教育红皮书》。此报告影响巨大，成为通识教育的“圣经”。报告认为，通识教育在于培养完整、有教养的人，让学生具备有效的思考能力、交流思想的能力、做出恰当判断的能力、辨别价值的能力。因此将课程分为人文科学、自然科学以及社会科学三大领域①。报告还建议，学生4年中仍需修16门课程，其中6门主修课程，6门通识教育课程，4门自由选修课程。

受此影响，美国许多大学开始调整通识教育课程，加入新的课程内容，不再拘泥于名著，而是将视角转向美国社会更关心的实际问题。例如对其他文明介绍的课程、专门讲授如何思考的课程、关注人类自身发展的课程。二战后，美国大学教育开始将眼光投向世界全局，通识教育课程内容开始具有全球的视野和考虑。

① 哈佛委员会. 哈佛通识教育红皮书[M]. 李曼丽，译. 北京：北京大学出版社，2010：50.

5.通识教育遭遇的挑战

1957年，苏联的人造卫星上天，对美国教育界乃至社会造成巨大冲击，认为造成科学技术落后的原因是美国教育的自由化和以学生为中心的教育理念的后果。1958年，美国通过《国防教育法案》，主张对教育加大投资的同时，要求高等教育必须加强自然科学的教学。因此，美国大学的通识教育课程中，学生无论学什么专业，都必须牢固掌握英文写作、数理统计、自然科学和外语4门课程。

在此之后，美国政府扩充大学教育，使大学生人数迅速增加，造成学生异质化，而且他们进入大学就是为了更好地就业，通识教育课程的非职业性自然不是学生热衷的课程。再加上1968年《平等对待法案》在大学课程上的应用，大学通识教育课程不得不做出改变，偏离原来"培养完整、有教养的人"的轨道，转向大学新的"技能"课程。

与此同时，当时的社会环境也严重影响了通识教育，出现无围墙大学，即不需要任何资格，人人可以来申请就读的开放式大学。并提供了无学分、无成绩的通识教育课程，修读来去自由，内容多以政治、社会、经济以及人文科学为主。与之对应的是，哲学教授杜斯曼在伯克利大学内设"实验学院"实施通识教育。因为他不满于"自由大学"的自由散漫以及任意选课，感到有责任帮助大学生找回正途。课程内容包括战争与和平、自由与权威、个人与社会、接纳与反叛以及法律与良知等5个主题，要求学生全体必修。但因为要求严苛，加上多数学生反对，只得到少数学生就读，最后在校务会议中，以浪费教学资源而被取消。这段时间的通识教育就在这种两难境地中艰难行走，通识教育课程摇摆不定。

6.通识教育课程的改革

1971年，德里克·博克接任哈佛大学校长。此时，科南特时代的人文、自然、社会三大领域日趋暗淡，一些制度被取消。1973年，博克责成亨利·罗索夫斯基重新研究文理学院目标。经过数年努力，1979年，发表《哈佛大学关于核心课程的报告》，然后用4年时间实施此方案，到1982年，哈佛大学开始用核心课程代替原来的通识教育课程，全面实施核心课程。

核心课程的设置并非以课程的内容和类别为依据，而是以教授这些课程的目的为根本，培养学生的能力和思维方式。规定中，四年制的本科生需要修完32门课程，其中16门为专业课程，8门为核心课程，8门为选修课程。这3类课程相互补充：专业课程限定学生选修课的范围；核心课程为学生提供选修课的方向；选修课程则延伸专业课程，为学生选择专业提供指导。核心课程体系，继承了“培养完整的、有教养的人”的通识教育理念，同时适应美国自由多元的特质。哈佛大学的核心课程体系，很快得到了其他许多大学的效法。如麻省理工学院的核心课程体系就成了理工院校通识教育课程的样板。斯坦福大学、哥伦比亚大学以及芝加哥大学都依据核心课程体系调整改进了自己的通识教育课程内容。

进入21世纪，核心课程也暴露了一些缺陷：如学习内容混乱，因为课程的范围和顺序并未有明确的规定，知识的逻辑性、统一性都受到影响。2007年，哈佛大学再一次发表《通识教育工作组报告》，对核心课程进行了全面彻底的改革。这次改革的新课程给学生更广泛的知识领域，让学生将目光放得更远大。其具体目标为：①审美的理解和诠释。让学生有审美兴趣和理解的能力。②文化和信仰。让学生对人类的传统文化和信仰有理解和鉴赏批判的能力。③经验与数学推理。让学生学会在推理和解决实际问题时所用的理论工具，如统计、逻辑概率和决策理论。④道德推理。让学生对道德两难问题与政治信仰的实践做出推理，理解与判断对错，在现实生活中能够运用理论来解决实际遇到的问题。⑤生命系统科学。让学生理解与生命系统相关的概念及理论。⑥物理世界科学。让学生了解我们生存的世界以及宇宙。⑦全球社会。让学生了解不同的价值观和风俗习惯，进而理解不同社会组织的形成，让学生克服自己对世界的狭隘见解。⑧世界中的美国。从历史和现实角度分析考察美国各方面的制度与行为。

二、日本通识教育课程的发展

1.旧制大学的通识教育萌芽

1877年，东京大学的成立意味着日本进入近代高等教育时期。当时的大学制度仿照德国建立，主张“探索真理，研究高深学问”，为了达到学问的有机统一，日本最初的大学都为综合性大学。随后，日本又受到欧洲的“以专业职业教育为中心”的单科大学的影响，对原来大学进行了专业化的整编。日本大学设置专业学部，为了高中和大学的衔接，设有大学预科，重视数理化和外语等大学教育的基础课程。此时的大学预科目的仅仅是专业教育前期的基础教育，充斥着国家主义色彩。尽管它在某种程度上也是以人的全面发展和自我完善为目的，但因为其国家主义的立场，所以与我们的通识教育有很大的区别。

2. 新制大学的通识教育课程幼芽

二战结束以后，美国教育使节团访日。针对日本的教育体制建设提出了《美国教育使节团报告书》，报告对日本的旧制课程提出了批评，同时建议日本建立自由教育课程体系，这些教育思想成为日后日本实施通识教育的基础。1947年，日本《学校教育法》的颁布，标志着日本大学的教育目的有了根本性的变化，从面向国家需要转变成了以个人发展为目的。1949年，帝国大学和官立大学转为新制大学开始教学。

1947年，日本成立"大学基准协会"，对学分制、获得学位的要求、一般课程与专业课程的比例、必修课与选修课的比例等教育问题进行了讨论，提出了日本最早的课程基准。其中提出了一般课程分为人文科学、社会科学和自然科学3类。设置目的为培养具有正确思考力、判断力和批判力的社会人。这是日本的第一次通识教育课程改革，由于日本国内学者对通识教育理论的认识不够充分，改革中也并无多少大学参与，致使这次改革有较大的偏差。

3. 工业化时代的通识教育课程理念

朝鲜战争爆发后，日本成为美国的后勤基地。这时日本进入了战后复兴期，经济得到迅速发展。而此时理工科学生比例过低，无法适应日本的工业化要求。日本高校开始重新重视专业教育，课程设置也偏向于专业课程。1957年，苏联人造卫星升天，日本政府开始鼓励大学发展科技、振兴产业，在这些因素的影响下，日本大学的通识教育课程比例仅为23%左右，专业课程比例则达到50%。通识教育课程成为专业课程学习前的预备课程。

20世纪60年代，日本经济腾飞，日本政府坚信自己政策上的正确性，认为专业教育是日本经济成功的重要因素。此时关于教育的方案无一不是应当更加重视专业教育，通识教育已名存实亡。但是1962年，国立大学协会提交了《关于大学的一般教育》意见书，认为一般教育是大学教育课程的构成部分，而且一般教育中的人文、自然和社会学科应该结合起来，而不是各自独立。这是对通识教育理念的回归，使通识教育的内涵得到充实。这份意见书对日后日本的通识教育理论产生了广泛的影响。

1962年，日本的高等教育毛入学率达到15.7%，高等教育不再是精英教育，进入大众化阶段。高等教育的大众化导致了学生的复杂性，因为教育思想的混乱，中学教育的偏离，导致学生出现了一系列问题，推卸责任和自制力不足现象普遍。1968年，大学出现了大学生骚动，后蔓延至全国，许多大学甚至无法维持教学工作。

4.大学改革时代通识教育课程的确立

进入20世纪70年代，日本开始第三次教育改革。此次改革中，通识教育改革成为大学教育改革的核心。1971年，《关于今后学校教育的综合扩充整备的基本政策》一文提交，被认为是日本第三次教育改革的开始。此文将改革的重点放在人的发展上。“教育是以人格的完成为目的的。探讨学校教育的地位和作用，必须首先考虑人的发展的意义。”文中还从自然、社会和文化3个角度对“人”的意义进行了论述。这时，日本政府试图从学校类型上来解决通识教育和专业教育的问题，将高等教育机构分为大学、短期大学、高等专门学校、大学院和研究院5种类型。大学中的综合领域型大学与短期大学中的教养型短期大学，表明日本开始重视通识教育的作用。但是，由于大学教师对于政府的不信任和反感，这次改革并未成功。但这次改革提出了终身教育的理念以及教育原点回归等，在日本教育史上有深远的影响，同时导致了日本教育研究的兴起，让日本进入战后教育的繁荣期。

1984年，日本成立“临时教育审议会”。因为日本教育行政权一直在中央政府的手中，所以临时教育审议会的改革案中有许多有益的构想，但并没有取得大学教师和高等教育界的好感，最终导致组织解散。1987年，日本政府将大学教育改革审议权交还给文部省。于是，文部省将高等教育改革的重点落在了课程改革上，在国立大学开始改组教养部，如京都大学废除教养部，开始通识教育、专业教育和大学院三层次构造。这次改革也存在一些问题，出现了大学课程的简单化和表面化。

5.全球化时代的通识教育课程改革

20世纪90年代，政治环境和科学技术的急剧变化，跨国的大学间互换交流、知识共享、信息交换，成为大学教育的国际趋势。这时日本的高等教育由大众化进入普及化的趋势十分明显。1999年和2000年的大学入学率达到49.1%。1997年，大学审议会提交了《关于进一步改善高等教育》报告。报告中指出日本高等教育面临的六大问题：大学教育的定位问题、推进课程改革的问题、教育方法的问题、教育活动的评价问题、学生的选择和流动性问题以及高等教育体制改革的问题。报告中还比较完整地对通识教育课程进行了论述，涉及课程目标的制定、如何与专业教育相融合、课程内容、课程评价等，对大学开展课程改革有积极的指导意义。更是提出了应从学生的角度出发，让学生在一定程度上参与课程设计与评价，体现了日本大学教育理念的进步。

21世纪，互联网等技术的发展，知识的创造有了根本性的变化。全球化已经成为不可避免的趋势，西方国家开始构建适应全球化发展的高等教育，日本也一直重视高等教育国际化的问题。2000年，大学审议会提交了《全球化时代要求下的高等教育》。文中对通识教育的目的和内涵有以下定义：①培养以高度伦理。③培养外语的交流能力。④提高信息能力。⑤提高科学能力。新时代的通识教育改革，突破了人们以前对通识教育的认识，认为通识教育不仅仅局限于高等教育，而是从家庭教育开始，包括初等、中等教育在内的全体教育活动。

三、中国通识教育课程的发展

1.通识教育的开端

1898年，中国创立京师大学堂。1902年，京师大学堂管学张百熙起草的《钦定京师大学堂章程》中提出“京师大学堂之设，所以激发忠爱，开通智慧，振兴实业，谨遵此次谕旨，端正趋向，造就通才，为全学之纲领”[①]。可视为我国通识教育的开端。办学思想中“激发忠爱、端正趋向”即为伦常道德，“振兴实业”即为专业教育。根据该宗旨，大学课程可分为“博通学”和“专门学”。博通学课程，分为诸子学、经学、理学、初级政治学、初级地理学、文学、中外掌故学、初级算数、初级格物等科目。另外，学生还需在英、法、德、意、日5种外国语中选修1种。专业课程则包括高级算术、高级格物、高级地理学、高级政治学、矿学、工程学、农学、高级政治学等10种。

① 李曼丽.通识教育——一种大学教育观[M].北京:清华大学出版社,1999:201.

2.通识教育课程的雏形

1912年10月，民国政府颁布《大学令》，提出大学应以“教授高深学问，养成硕学闳材，应国家需要”为宗旨。“硕学闳材”意在培养学识深厚宽广的人才。蔡元培认为，培养“硕学闳材”，需要“融文理两科之界限”，改变“守一家之言，而排斥其他”，“专己守残之陋见”的旧习惯①。在北京大学的改革中，他提出：“例如文科的哲学，必植基于自然科学；而理科学者最后的假定，亦往往牵涉哲学。从前心理学附入哲学，而现在用实验法，应列入理科；教育学与美学，也渐用实验法，有同一趋势。地理学的人文方面应属文科，而地质地文等方面属理科。历史学自有历史以来，属于文科，而推原于地质学的冰期与宇宙生成论，则属于理科。”②他认为，学文科者不兼习理科，“不免流于空流”；学理科者不兼习文科，易“陷于机械”。许多大学具有“兼习”的指导思想，保证学生学习广博知识的基础，常体现在大学预科教育课程和本科低年级课程中。如北京大学的文科预科课程为外国语、西洋文明史、数学、国文、本国历史以及本国地理，理科预科课程为国文、科学、外语以及数学。北京大学对文理科也规定了详细的通科课程，让学生在进入专门学习之前有扎实的知识基础。

1922年，针对通识教育和专业教育孰重孰轻，当时的教育专家和学者进行了激烈的争论。梅贻琦先生在《大学一解》中提出：“窃以为大学期内……通识，一般生活之准备也。专识，特种事业之准备也。通识之用，不止润身而已，亦所以通于人也。信如此论，则通识为本，而专识为末，社会所需要者，通才为大，而专家次之。”③最终当时的教育部确立了大学教育以“研究高深学术，培养能治事、治人、创业之通才与专长”为目的，并统一了大学共同必修课程的标准。“共同必修科目表”对基本工具科目如国文和外国语非常重视，无论文、理国文和外国语均作为重要的必修课；另外，比较重视“文理兼修”，如文法学院必须选修一门自然科学，理学院必须选修1门人文社会科学。这2种通识教育课程在总学分（132个）中占到1/3左

① 璩鑫圭，唐良炎.中国近代教育史资料汇编——学制演变[M].上海：上海教育出版社，1991:661.

② 璩鑫圭，唐良炎.中国近代教育史资料汇编——学制演变[M].上海：上海教育出版社，1991:674.

③ 黄延复，马相武.梅贻琦教育思想研究[M].沈阳：辽宁教育出版社，1994:318.

右[①]。这是各大学对共同必修课程的统一规定，体现了当时大学对通识教育的要求。

3.通识教育转为专业教育

1949年10月1日，中华人民共和国成立。1950年，苏联专家在第一次全国高等教育会议上指出，以前大学的办学理念不适应中国经济建设的需要，新中国高等学校的任务不是在大学里培养“无用”的通才，而是应该培养具体的专业人才。同年，我国开始仿效苏联改革高等教育。院系设置上，综合性大学仅余文理学科，为专业化创造条件；专业类学院成为高校主流，并划归相应业务部门管辖，高校成为输送对口行业专业人才的机构。专业设置上，口径更加窄化，以便加强专业化。同时，教学管理上取消学分制、选课制，实行学年制；不允许学生转专业、转学，以保证人才培养的计划性。到1956年，我国高校基本完成苏联模式的移植，全面实行专业化教育。课程设置上，我国高校课程体系也以“专业”为基础，不同的专业设置不同的课程。相同的专业，课程设置相同的课程，没有选择的自由。课程基本分为四大类：公共课、基础课、专业基础课以及专业课。其中，公共课包括外语、政治和体育等类的课程；基础课，即为大类专业的基础课，例如物理类的普通物理学等课程；专业基础课，即与该专业有直接关系的基础课，例如应用化学专业中设置的仪器分析等课程；专业课，即为专业的自身主干课，如高分子专业的高分子化学和高分子物理等课程。

4.通识教育的消失

我国在1956年到1960年掀起了“教育大革命”运动。将“围绕科研任务组织教学”作为指导思想，鼓励学生上山下乡，接受贫下中农再教育，结果对教育造成极大伤害。许多课程内容完全按照“用什么，学什么”来设置，强调课程直接与生产劳动相结合，增加劳动课程，为政治服务，更加加剧了专业化的缺陷。1961年，我国政治环境有所改善，高等教育的问题也得到部分纠正。例如制订了《教育部直属高等学校暂行工作条例》，“切实加强基础理论和基本知识课程的教学……不要过分强调专业和勉强联系实际，要求切实加强学生的基本技能训练”。这条规定一定程度上起到了纠正专业化的问题。该条例还指出，专业设置不宜过多，划分不宜过窄。教育部按照这

① 李曼丽.通识教育——一种大学教育观[M].北京:清华大学出版社,1999:208.

个指示，也适当调整了专业范围，规定了统一名称，一定程度上遏制了专业化过快的趋势。

“文革”十年，我国高等教育毁于一旦。专业设置中，有的文科要办成写作组，办成大批判专业；理工科以生产过程作为专业设置的依据；课程设置中，专业需要什么，基础课就教什么，甚至不设课程，在生产过程中，需要什么内容再去学什么内容。

5.通识教育的重启

1978年，改革开放，高等教育开始恢复，但仍然是“文革”前的专业教育模式。随着经济发展，专业教育模式开始不适应社会的发展需要。于是，教育部参考国外成熟经验，指出以前的专业教育要求过于严苛，强调本科应该打好基础。从1985年开始，北京大学认为，“对大学生培养并不是要求他们一毕业就成为某个方面的专家，大学的任务是培养他们具备成为专家的基础和素质”①。开始尝试淡化专业，加强基础。低年级学生开始不分专业，开设全校性的美学、音乐、文艺理论、思潮评论、伦理学等课程，提升学生的文化道德修养；开设开拓性的选修课，引导学生进行学科交流和文理渗透。随后，武汉大学、南京大学也开始进行不同程度的教学改革。但这一时期，大学仍难摆脱专业教育模式的影响，课程单一，学生知识面狭窄，影响人才的质量。

6.通识教育的实施

1995年，教育部开始尝试推广“文化素质教育”改革。目的在于加强人文教育，提高学生的科学素养和文化素养。虽然“文化素质教育”并不等同于通识教育，但它一定程度上推动了通识教育的发展。以华中科技大学为例，人文教育开始进入课堂。通过主修、辅修结合的方式开设课程，要求理工科学生选修不少于10个学分的人文课程，文科生选修不少于6个学分的自然科学课程。开展知识讲座、文化沙龙等活动，丰富人文素质氛围。2000年，北京大学效仿哈佛核心课程开设通选课，随后南京大学、武汉大学等也开展一系列教学改革。实施措施如开设通选课、实行学分制、允许转专业等都与通识教育有本质的一致。

① 王义遒.谈学论教集[M].北京:北京大学出版社,1997:85.

第三节　大学通识教育课程体系分析

在通识教育课程发展史上，中、美、日都做了积极的探索。哈佛大学是美国通识教育课程的一面镜子，麻省理工学院也反映了美国通识课程另外的一面；同样，东京大学在日本通识教育课程中也具有同样的地位。台湾中原大学在台湾各所大学中通识教育课程独具自己的特色，北京大学和华中科技大学能反映一类大学的通识教育课程情况。

一、大学通识课程目标的比较

课程目标包含有3层意思：第一层意思是指课程的总体目标，反映社会的根本价值取向，常常写进国家或地方的教育法规，反映教育目的的具体内容；第二层意思是指学科领域的课程目标，即具体目标在特定课程领域中的表现；第三层意思是指具体课程的目标，对课程的作用最直接。研究的通识教育课程目标显然在第二层意思上进行论述的。参见表1–2。

表1–2　中外大学通识教育课程目标

大学名称	通识教育课程目标
哈佛大学	必须能清晰而有效的思考和写作；必须对人文、社会和自然有批判性的了解；必须了解其他地区和历史上其他时期的文化；能理解及思考道德与伦理问题；能够在某一知识领域有深入研究，达到广泛的知识能力和专业层级之间的程度
东京大学	理解学问的多样性和奥秘，有综合各学科知识的视角；有学习更深层次的专门课程的基本知识和技能，并具有学习专门知识所必需的看法或思考方法；掌握批判的思考能力，养成终身学习的态度
北京大学	加强基础教育和淡化专业分类，打破学科壁垒，把单科化的专才教育课程变为整体化的通识教育课程，建立以素质教育为取向的跨学科通选课体系，在基本的知识领域中为学生提供多学科交叉综合的精品课程，拓宽学生知识基础，广泛涉猎不同的学科领域

续表

大学名称	通识教育课程目标
麻省理工学院	培养学生的3种能力：一是理解力，即具备扎实地运用基本原理，全方位地洞察、透视自然和社会现象的能力；二是成熟处理事情的能力；三是迎接现代社会挑战的能力。依据这一基本目标，麻省理工学院设计了一个深具特色的通识课程体系，即提供一般的教育，使其在数学、物理、自然科学、英语和其他现代语言以及心理学和政治学的基础上，为学生在毕业后能适应任何领域的工作做好准备
台湾中原大学	探讨生命的意义与价值判断的形而上思考；理解人类社会中群体现象与互动原则；致力于加深个人科学思辨能力与永续关怀；由孕育个人主观经验而产生深度生命意涵。通过课程熏陶的学生，达到“通天达人，识博物我，中而不偏，心是活水”的美丽境界
华中科技大学	既应重视科技，又应重视人文，两者融合则两利两旺，分割则两弊两衰。培养学生3种能力：一是学会如何做人；二是学会如何思维；三是学会掌握必要的知识及运用知识的能力。在理工科背景下，拓宽学生的人文素质和科学素养

二、大学通识教育课程内容的比较

1.哈佛大学通识教育课程的内容

哈佛大学的核心课程模式是目前为止最能体现通识教育理念的课程模式，其指导思想为通过提供专业教育以外的、不为职业服务的人文社会科学方面的教育，使大学生获得一般性、广博性知识，促进科学教育与人文教育的融合。

哈佛大学的核心课程总计180多门，分为8个领域，以秋季课程为例做一说明。参见表1-3。

表1–3　哈佛大学核心课程

类别	目标	内容	门数
审美与诠释的理解	通过研究文学或宗教著作、绘画、雕塑、建筑、音乐、电影、舞蹈、装饰艺术等来培养审美的理解能力。培养学生使用所学方法分析作品的能力	诗无国界、美国诗歌、圣经文学、美国音乐和美国文化、韩国文化历史的组成等课程	37
文化与信仰	让学生对美国内部文化或跨文化现象带来的差异能够理解和认同，并能将关注点和感兴趣的热点问题与教学内容联系在一起	古希腊文化、西方的理性与信仰、中国人日常生活的文化、希伯来圣经、流行文化与现代中国等课程	40
实证与数学推理	培养学生的抽象思维和解决实际问题的能力。让学生解决问题和理性思考时，会运用概率学、统计学、逻辑等理论工具；能利用得到的数据和证据来进行决策和推理	演绎逻辑、生活中的统计学、逻辑与交流、数学中的艺术、病理推理等课程	10
道德推理	通过对道德两难问题中的正义、权利、善和自由等概念和思想的思考，发展学生有关道德、信仰和实践的道德理性推理能力，并有自己的道德主张	自由与存在、伦理学、人权、道德推理与社会抗议、中国伦理与政治理论经典、人文学与哲学等课程	19
生命系统中的科学	让学生理解与生命科学等相关的领域的理论与方法，能够解释和评估我们身边的科学主张、实验研究以及争议问题。如果可行，学生还可以在实验室等实践经历中检查生命系统的属性	进化与人类身体、营养与全面健康、医学的进化、心理学、人体组织、人类对海洋生物的影响等课程	10

续表

类别	目标	内容	门数
物理宇宙中的科学	让学生理解工程中、物理世界里的科学概念、理论和方法。通过探讨气候问题、核武器扩散、空间探索等物理世界中观念，让学生能够解释和评估我们身边的科学主张、实验研究以及争议问题。如果可行，学生还可以在实验室等实践经历中检查物理和工程系统的属性	宇宙测量、爱因斯坦革命、自然灾害、时间、看不见的世界、技术与社会导论、气候能源挑战等课程	17
世界中的各个社会	培养学生具有国际视野，了解不同的价值体系和文化制度，让学生能够理解不同文化中的信仰和社会组织的差异	亚洲和世界体系中的日本、英帝国、传统和转型中的中国课程	33
世界中的美国	使用当代的和历史的分析方法审视美国的社会、政治、经济、法律、制度和行为，让学生理解一个多元的不同的美国	冷战中的艺术和思想、美国饮食、共和政体的理论和实践等课程	22

哈佛大学核心课程特点如下：第一，强调对通识教育课程的继承。哈佛大学通识教育委员会认为，学校应该为学生提供一种负责任的教育。这种教育应该有助于发展学生的创新能力，推理和做出合理判断的能力。所以呈现全球化、多元化的特点，继承了哈佛大学通识教育核心课程创立时的传统。第二，注重知识的整体性。课程的整体性不仅体现在课程选择的广度上，还表现在课程的内在联系上。前者注重学生的整体的知识结构，后者则注重知识之间的内在联系，培养学生多元思考的能力和习惯。在最新的课程改革中，加强了科学教育课程，压缩了人文类课程，加强了各课程间的逻辑关系，避免了核心课程杂乱无章的弊端。第三，注重科学意识的培养。通识教育课程常常存在结构性失衡，即关注人文社会学科，对自然科学类课程关注

不足。现在科学技术在社会发展中地位越来越重，学生的科学素养教育却明显不足。而哈佛大学的科学课程数量不断增多，可见对学生科学素养教育的重视。另外，哈佛大学还提倡教师在实验室里进行教学，鼓励学生将课堂所学用于解决实际生活问题。

2. 东京大学通识教育课程的内容

东京大学的通识教育课程分为基础科目、综合科目和主题科目，综合科目和主题科目比重较大，占总学分数的一半左右。东京大学重视课程的综合化建设。参见表1–4。

表1–4　东京大学通识教育课程

<table>
<tr><th colspan="3">类别</th><th colspan="3">门数</th></tr>
<tr><td rowspan="7">基础科目</td><td rowspan="2">外国语</td><td>已学外国语</td><td colspan="2">6</td><td rowspan="15">53</td></tr>
<tr><td>初学外国语</td><td colspan="2">8</td></tr>
<tr><td colspan="2">信息处理</td><td colspan="2">2</td></tr>
<tr><td rowspan="2">方法论基础</td><td>人文科学基础</td><td colspan="2" rowspan="4">8</td></tr>
<tr><td>社会科学基础</td></tr>
<tr><td colspan="2">基础演习</td></tr>
<tr><td colspan="2">体育</td></tr>
<tr><td rowspan="6">综合科目</td><td colspan="2">思想・艺术</td><td rowspan="3">8</td><td rowspan="8">25</td></tr>
<tr><td colspan="2">国际・地域</td></tr>
<tr><td colspan="2">社会・制度</td></tr>
<tr><td colspan="2">人间・环境</td><td rowspan="3">8</td></tr>
<tr><td colspan="2">物质・生命</td></tr>
<tr><td colspan="2">数理・情报</td></tr>
<tr><td rowspan="2">主题科目</td><td colspan="2">主题讲义</td><td rowspan="2">9</td></tr>
<tr><td colspan="2">全校自由研究研讨班</td></tr>
</table>

东京大学通识教育课程特点如下：第一，重视外语的学习。东京大学要求学生至少掌握两门外语，第二外语在某些程度上比第一外语还重要。从学分分布上看，理科类学生的外语类课程学分占通识教育课程总学分的24%，文科类学生更是占到40%左右。第二，东京大学非常重视基础知识和方法论，课程中不仅仅有课堂讲授，也有实验、实习等形式，让学生用不同的方法学习并掌握这些基础知识，为学好专业课程打下坚实的基础。从学分分布来看，理科类学生的基础类课程学分占通识教育课程总学分的37%~42%，文科类学生也占到23%。第三，注重综合性和前沿性。东京大学提供了主题课程、综合课程和跨学科课程让学生选修，既让学生掌握不同领域知识的关联性，又让学生接触到某一领域知识的前沿课题。既开阔视野，又增长见识，让学生掌握各种能力。

3.北京大学通识教育课程的内容

北京大学通识教育课程分为全校必修课和通选课。前者包括政治、英语、计算机课和体育，后者分为6个基本领域。参见表1–5。

表1–5　北京大学通识教育通选课程

类别	内容	门数
数学与自然科学	普通统计学、今日物理、大气概论、魅力化学、系统与控制引论、普通生物学等课程	58
社会科学	中东地区的国家关系、国际金融、美国文化与社会、亚太概论、微观经济学、中国经济导论、法律导论等课程	79
哲学与心理学	心理学概论、社会心理学、人文经典阅读、哲学导论、宗教学导论、哲学与当代中国等课程	45
历史学	欧洲文艺复兴、中国通史、世界通史、明清经济与社会、二十世纪世界史、二十世纪中外关系史等课程	66
语言学、文学、艺术与美育	台湾文学、鲁迅小说研究、小说的艺术、民俗研究、金庸小说研究、中国现代戏剧等课程	70
社会可持续发展	环境生态学、地球环境与人类社会、自然环境与社会发展、人类发展与环境变迁、世界遗产概论等课程	14

北京大学通识教育课程的主要特点如下：第一，打通学科分界，将知识划分为基本领域，在领域内多学科交叉综合开设课程。第二，对学生在基本领域内提出学分要求，由学生自主选课，引导学生主动学习，独立思考。第三，对通识教育选修课有严格的遴选原则，通过教师申报、院系推荐、专家评审3个程序，再根据教学需要和检查评估，进行增设和淘汰，逐渐推出一些具有北大特色的名师名课。第四，教学内容注重启发思想和掌握方法，而非灌输知识。教学方法提倡“少而精”，鼓励运用先进手段，完善各项教学环节。

4.麻省理工学院通识教育课程的内容

麻省理工学院的通识教育课程分为3个领域：自然科学课程、人文艺术与社会科学课程、交流课程。参见表1–6。

表1–6 麻省理工学院通识教育课程

类别	内容	门数
自然科学课程	6门自然科学基础课、1门实验课和2门限选科学技术课程。实验课，强调训练学生的科学性和动手能力；科学技术选修课程，加深学生的自然科学基础。自然科学基础课包括物理、化学、生物、数学等课程	9
人文艺术和社会科学课程	3门必须从语言、思想和价值，文化和社会研究，视觉和表演艺术，历史研究，文学和名著研究这5大学科中选择。2门从人文艺术和社会科学学院，建筑和规划学院，以及感兴趣的学院中选择。其余从文学、语言学、思想与价值、历史研究、中东研究等30门课程中选择	8
交流课程	2门为人文社会科学的交流集训，2门为主修专业的交流集训。主要训练学生的写作和语言交流能力	4

麻省理工学院通识教育课程特点如下：第一，注重数理基础，科学技术选修课程可以让学生更加理解自己所学的专业，强调研究问题的实验方法和分析方法。第二，分类课程拓宽了学生在通识教育方面的广度，而集中学习使学生对该领域深度掌握。第三，实验课程和交流课程的设置则是麻省理工

学院的一大特色，体现学院的求实精神，培养学生的创造和合作能力。

5. 中原大学通识教育课程的内容

台湾中原大学的通识教育课程分为“天”“人”“物”“我”及基本知能课程。参见表1–7。

表1–7　台湾中原大学通识教育课程（2013年适用）

<table>
<tr><th colspan="4">基础必修20学分</th><th colspan="2">延伸选修14学分</th></tr>
<tr><th>领域</th><th>类别</th><th>课程名称</th><th>学分</th><th>类别</th><th>学分</th></tr>
<tr><td rowspan="2">天</td><td>宗教信仰与灵性关怀</td><td>宗教哲学</td><td>2</td><td rowspan="2">宗教信仰探寻
生命意义探讨
价值现象分析</td><td rowspan="2">至少2学分</td></tr>
<tr><td>生命意义与价值判断</td><td>人生哲学</td><td>2</td></tr>
<tr><td rowspan="2">人</td><td>公民素质与社会关怀</td><td>台湾政治与民主
法律与现代生活
当代人权议题与挑战
生活社会学
全球化大议题
经济学的世界</td><td>2</td><td rowspan="2">个人与群体
社会与文化
专业与伦理
性别教育</td><td rowspan="2">至少2学分</td></tr>
<tr><td>历史思维与多元文化</td><td>区域文明史
文化思想史</td><td>2</td></tr>
<tr><td rowspan="2">物</td><td>自然与科学</td><td>自然科学导论
生命科学导论</td><td rowspan="2">2</td><td rowspan="2">自然科学
身心科学
永续发展
科技跨领域</td><td rowspan="2">至少2学分</td></tr>
<tr><td>科技与文明</td><td>工程与技术
电子与人类文明</td></tr>
<tr><td rowspan="2">我</td><td>情意与美感</td><td>文学经典选读</td><td>2</td><td rowspan="2">自我管理
艺术鉴赏
文学赏析</td><td rowspan="2">至少2学分</td></tr>
<tr><td>沟通与表达</td><td>语文与修辞</td><td>2</td></tr>
<tr><td rowspan="3">基本知能课程</td><td rowspan="3"></td><td>英语</td><td rowspan="3">6</td><td rowspan="3"></td><td rowspan="3"></td></tr>
<tr><td>体育</td></tr>
<tr><td>环境服务学习</td></tr>
</table>

台湾中原大学的通识教育课程特点如下：第一，着重于宗教信仰、灵性关怀、生命意义与价值判断等基本素养。第二，关注公民素养、社会关怀、历史思维与多元文化等基本素养。第三，重视自然与科学、科技与文明等基本素养。第四，致力于情意与美感、沟通与表达等基本素养。

6. 华中科技大学通识教育课程的内容

华中科技大学的通识课程由通识教育基础课程和文化素质选修课组成，前者包括思政课、英语、物理及其实验课、体育和高等数学。参见表1-8。

表1-8　华中科技大学通识教育基础课程

课程名称	学时/学分
思想道德修养与法律基础	48/3
中国近现代史纲要	32/2
马克思主义原理	48/3
思政课社会实践	32/2
毛泽东思想和中国特色社会主义理论体系概论	64/4
形势与政策	32/2
中国语文	32/2
基础英语（一）	64/4
基础英语（二）	64/4
基础英语（三）	32/2
基础英语（四）	32/2
大学体育（一）	32/1
大学体育（二）	32/1

续表

课程名称	学时/学分
大学体育（三）	32/1
大学体育（四）	32/1
军事理论	32/2
大学计算机基础	16/1
C++语言程序设计	56/3.5
大学物理（一）	64/4
大学物理（二）	64/4
物理实验（一）	32/2
物理实验（二）	24/1.5
微积分（一）	88/5.5
微积分（二）	88/5.5
线性代数（一）	40/2.5
复变函数与积分变换	40/2.5
概率论与数理统计（三）	40/2.5
计算机网络技术及应用	48/3
数据库技术及应用	48/3

后者由人文社会科学公共选修课、自然科学公共选修课以及综合公共选修课组成。参见表1–9。

表1–9　华中科技大学文化素质选修课程

类别	内容	门数
人文社会科学公共选修课	语言文学类：诗词曲审美、大学日语等	28
	文化与哲学类：中国哲学经典导读、易经与中国文化等	45
	历史类：战争简史、历史与人物等	29
	法学类：以案说法、政治的逻辑等	20
	艺术与其他类：钢笔绘画、声乐初级班等	57
自然科学公共选修课	科学基础、科学史类：趣味物理实验、极端天气探秘等	5
	信息技术、计算机技术及应用类： 计算机与现代生活、嵌入式项目实践等	9
	能源动力与环境科学类：海洋资源与开发、气候变化与应对等	9
	材料科学与技术类：纳米科技	1
	新技术制作、电子技术及应用类： 创意组合与控制、电工电子工程基础等	49
	管理科学与经济类：博弈论（双语）	3
	医学类：神经生物学、临床药理学	6
综合公共选修课	生命伦理学、心理学与生活等	86

华中科技大学通识课程特点如下：第一，相对重视通识教育基础课程，基础课程为“两课”、英语、数学和计算机，其中以数学最为重要，体现理工科院校的特点。第二，文化素质选修课中自然科学选修课注重基础，与基础课程相互配合，有利于学生以后的学习和研究。第三，人文社会科学选修课程中，无论是数量还是质量，都具备一定的实力，补充了理工科院校中学生文科基础相对薄弱的缺点，体现了学校通识教育课程的目标。第四，设置了综合公共选修课，可以看出学校注重学科间的融合，注重培养综合类人才。

三、大学通识教育课程管理的比较

哈佛大学设有核心课程委员会，负责管理核心课程的日常事务，哈佛大学的文理学院院长一般担任委员会主席。委员会下设分委会，负责各个领域的具体课程需要。并且由优秀的教师负责核心课程的授课任务。选课、授课方式都灵活多变，有较宽的变通余地。如果过多的学生选择一门课程，导致数量太多，超过规定上限，则需要学生抓阄决定，同时高年级的学生有优先选课权。授课方式上，一般都会有提问和讨论，如果选修某一核心课程的人数很多，授课教师会安排大课形式上课，但同时每周会有2小时的小组讨论，而讨论一般由助教（多是研究生）带领本科生进行。

东京大学教养学部负责实施通识教育课程。通识教育课程是为以后的专业教育课程做准备，所以通识教育课程可以看作是专业教育的基础部分的训练。在课程结构上，一般集中在大学教育的前半期，专业教育则在大学教育的后半期进行。前半期全部学生集中在教养学部进行学习，后半期才各自进入相关专业的学部。选课上，学校要求所有通识课程的任课教师必须制订课程教学大纲，并在新学期的第一周内公布在大学校园网上，让学生进行先行参考，然后再选修课程。授课上，限制每班班级人数，在教学形式上，并不仅仅是课堂讲授，也有小班讨论课，还有实习、实验、社会实践等形式，现在尤其是小班研讨课越来越受到学生的欢迎。

北京大学通识教育课程一般由学校统一管理，各个院系具体负责开课内容，即由教务处负责组织课程和学分管理，各院系申请排课，负责讲授课程。学生选课选择上，学校对具体的课程内容并无规定，只对具体的领域和学分有所要求，学生可以根据自己的兴趣，在学校的规定中自主选择所学课程。学校一般建议每学期不要超过3门选修课程，以免学业负担过重。但如果经过批准后，可以有所突破。授课方式，一般为教师讲授。偶尔的课程会安排课堂讨论，但讨论较少。

麻省理工学院同哈佛大学一样也设有核心课程委员会，负责管理核心课程的日常事务。学校采用学年制和学分制结合的方式实施课程，选课方式灵活多变，学生在选课上有很大的自主权。学校规定，每学期学分不得低于32学分，不得高于57学分。在规定范围内，选择相应课程获取学分。而且学分的获得也不仅仅局限于校内，也可以从哈佛大学的核心课程中内容相似的课程中获取。

台湾中原大学设有通识教育中心，专业发展通识教育课程。课程分为基础必修课程和延伸选修课程：基础必修课程分为四大类，每位学生都必须在四大类中至少修满2学分；延伸选修课程也分为四大类，学生每学期至少从四大类中修满2学分。每学期通识教育中心开设130余门课程，以供学生选择。学生根据自身兴趣和需要，在学校规定范围内，自主的选择课程。

华中科技大学同北京大学一样，通识教育课程一般由学校统一管理，各个院系具体负责开课内容，即由教务处负责组织课程和学分管理，各院系申请排课，负责讲授课程。学校规定：哲学、法学、文学等各文科专业的学生应当至少选修6学分的自然科学公共选修课。理学、工学、医学、管理学、经济学各专业的学生必须从文学、历史学、哲学、法学4个学科门类的选修课中选择2个学科门类4学分的课程，另外6学分的课程由学生从人文社会科学公共选修课中自主选择。

四、大学通识教育课程设置的比较

1. 中外通识教育课程设置层次比较

从通识教育与专业教育的关系而言，存在3个层次的通识教育：第一层次，通识教育为专业教育的纠偏和补充；第二层次，通识教育为专业教育的拓宽和延伸；第三层次，通识教育为专业教育的思想和价值。

第一层次的通识教育目的为拓宽学生的知识面，强调文理渗透，科学知识与人文知识相结合，让理工科学生具有人文知识，文科学生具有科学方法。第二层次通识教育目的为帮助学生有合理的知识结构，开发学生的智慧，让学生具有判断、选择、反思的能力。第三层次的通识教育目的为培养学生为“全人”，即注重道德和人格的养成，让学生成为有道德反思能力、博学独立的个人。

不同的通识教育理念造就不同通识教育课程目标。我国大陆的通识教育处于起步阶段，所以停留在表面的层次。例如北京大学的目标为“加强基础、淡化专业、因材施教、分流培养”，比较重视学生知识的提高，要求拓宽知识面。而美国、日本及我国台湾地区经过多年的通识教育发展，对通识教育的理解更为透彻，通识教育课程目标则更为深入、具体。例如中原大学的“通天达人，识博物我，中而不偏，心是活水”，哈佛大学的“道德反思能力，对人文作品、艺术品有批判力的鉴赏”等，都反映了通识教育为大学理念的灵魂。

我国的通识课程常常分为基础必修课和通识选修课，基础必修课中“两课”比重非常大，并不具备通识教育课程的功能具。而英语和数学往往注重知识的灌输，并不注重能力的培养，导致学生课程学完，并不能使用英语和数学来解决实际问题。而通选课的作用也仅是让不同专业的学生接触到其他专业的课程，满足一下学生的兴趣和爱好，扩大知识面。而美国多设置为核心课程和选修课，强调人文体验和能力培养，注重“人之觉醒”教育。

2. 中外通识教育课程设置结构比较

从下面4个方面来对6所高校的通识教育课程进行分析。

第一方面，通识教育课程在总课程中的学分比重分析，参见表1–10。

表1–10　各大学通识教育课程学分及比例

大学名称	课程总学分（门）	通识教育课程总学分（门）	所占比重
哈佛大学	32	16	50%
东京大学	136~140	76	54.3%
北京大学	140	46	32.8%
麻省理工学院	32~34	21	50%
中原大学	128	64	50%
华中科技大学	191	76.5	40.0%

通识教育课程在总课程中的比重反映出学校对通识教育的重视程度，通过比较，上述大学通识教育课程占总学分的40%左右，尤其东京大学通识教育课程学分超过总学分的一半。

第二方面，通识教育课程的内部结构分析，可见表1–11。

表1–11　各大学通识教育内部结构及比例

大学名称	基础技能课（必修课）		知识性课程（选修课）		通识教育课程总量	
哈佛大学	2	12.5%	14	87.5%	16	100%
东京大学	18	34.0%	35	66%	53	100%
麻省理工学院	2	11.8%	15	88.2%	17	100%
台湾中原大学	6	17.6%	28	82.4%	34	100%
北京大学	36	78.3%	10	21.7%	46	100%
华中科技大学	66.5	86.9%	10	13.1%	76.5	100%

其实将必修课和基础技能课对应并非十分合适，美国的基础技能课给出了很小的选择范围，而日本为必修，但知识类课程和我国的选修课是一致的。从表1-11来看，有十分明显的差异，我国通识教育课程在结构上存在很大问题。通识教育必修课程的比重占到通识课程的80%左右，具有绝对优势。通识教育必修课程的构成则为：政治理论课程、英语课程、体育课程、数学课程和计算机课程。以华中科技大学2010级物理专业本科为例，其中政治理论课程学分为16学分，英语为14学分，语文为2学分，体育为4学分，军事理论为1学分，计算机为5.5学分，数学等自然类学科学分为21.5学分。严格意义而言，仅有语文和英语具有通识课程意义，而所占学分几乎是最低的。加上选修课的10学分，通识课程总学分不过26学分，仅占总课程140学分的1/5左右。北京大学也是如此。由此可知，通识课程在我国是一种社会本位的价值取向，以满足社会的需要作为课程与内容的基本取向，课程的目的在于为社会培养人才。

哈佛大学、麻省理工学院、中原大学均采用核心课程和选修课的形式，将通识课程分为几大领域，学生从几大领域中各选择一门课程必修，课程内容涵盖自然科学、人文科学以及社会科学等各方面知识，保证学生知识的广度；所开课程中包括诸如时间、新世纪中的亚洲等综合性极强的课程，体现着知识的深度。选修课程开设门类众多，满足学生兴趣爱好，也可以帮助学生进一步学习相关领域的知识。其中通识课程的比例占到总学分的一半，而必修的核心课程占到通识课程的一半多。可以看出，在学生的全面发展和个性发展上，学校更注重学生的全面发展。东京大学则采用教养学部的形式，大一、大二时期，在教养学部学习，之后再分专业。教养学部中，通识课程的核心是综合科目，让学生了解文化的多元性和知识的广阔性，以及不同领域中知识的联系，培养学生的批判性思维和综合判断能力。他们提倡应该把教育建立在知识的本质及其重要性的基础上，而非建立在学生的偏好、社会需要或政治家的个人意愿基础上，体现了这些学校课程的知识本位取向。

第三方面，通识教育课程的体系分析，参见表1-12。

表1-12　各大学通识教育课程体系

类别	中国大学	外国大学
课程内容设置思路	学科知识设计为主	知识与能力并重，全面设计
教学形式	课堂讲授、学术报告、实验课程	课堂讲授、讨论课程、个别指导课程、小组研讨课程、实验课程
课程类型	必修课程、选修课程、限选课程	跨学科课程、分领域必修课程、限选课程、选修课程
课程广度	在学科范围内注重专业特色	按照通识教育课程目标进行设计，注重综合性和跨学科性
课程内容特点	注重学科知识性，注重应用能力的培养	注重学科融合，重视交流能力、学习能力、审美能力和道德批判能力的培养
课程设置机构	各个学院申报	通识教育委员会管理

具体而言，我国高校通识课程存在的问题如下：第一，专业课程以及相关的课程过多，通识课程相对较少。第二，通识课程中必修课程比例过大，且构成部分极不合理。第三，通识课程中，供选择的综合类课程虽然门类较多，但所占学分比例太小，造成学生知识结构难成系统。第四，课程开设由各个学院负责，难免造成课程重复，且没有系统性，随意性太大，而且缺乏深度，诸如桥牌、象棋等课程，也作为通识教育选修课进入学生的选课系统，难以让学生形成系统的和有深度的知识。第五，必修课程中也应该允许学生自由选择某一领域的相关课程。因为通识课程的目的并非让学生掌握所有知识，而是通过相应知识的学习，得到相应能力的训练，具备相应能力。

第四方面，通识教育课程的管理分析。美国、日本和我国台湾大学中都有统筹通识教育课程的通识教育中心或者通识教育委员会，我国大陆却缺乏专门的通识教育课程管理机构。通识课程一般应该在学校层面上统一进行安排和管理，但在大陆，具体操作是各个学院依据学校的要求进行安排和管理，导致通识教育课程成为“大杂烩”，缺乏内在的逻辑联系，很难出现综合性跨学科的课程。所以，我国也应当设立通识教育中心，专门进行通识教育课程的管理，如果出现问题，学校可以针对通识教育课程的各个方面进行有效的管理。

总体而言，我国大学通识教育课程无论在课程目标、课程内容与结构和课程管理等方面，都存在一定问题。所以，要进入我国的高等教育体系中，就必须对通识教育课程进行全面的思考与改革。

第四节　改革我国大学通识教育课程

一、改革大学通识教育课程目标

通识教育是“人之觉醒”教育，目的在于培养全面发展的人。路易斯曾经说过：“没有价值观的教育，无论多么有用，只会培养更加聪明的魔鬼。”所以，应将课程目标放在人格、情感、美感和价值观的培养上，帮助学生树立正确的价值观，有反思的道德能力，有批判眼光，才是通识教育的理念。

通识教育课程具体的培养目标可拟定为：第一，交流能力，能够阅读、写作、讲授和倾听，可以有效地获得、加工和传递思想和信息；第二，批判能力，能对有争议的问题进行理性的、逻辑的和紧凑连贯的审视；第三，适应环境能力，理解所处社会环境，并能适当影响周围环境；第四，审美能力，对艺术和人类行为有美感的认识；第五，道德能力，理解社会伦理道德，有责任感，并能将道德作为自己行为的准则和规范；第六，领导能力，能够成为某一领域富有成果的一员，并在适当时候和适当环境担当领导角色；第七，学习能力，一生都能不断地探索和扩展有利于自己和社会的知识和技能。

二、改革大学通识教育课程应遵循的基本原则

通识教育课程设置应遵循原则的确定：一是可以因地制宜，根据当地当时所处的社会时代确定；二应立足于现实，根据各方面的实际情况确定；三则在确定原则的基础上，围绕“原则”和“目标”进行通识课程内容的取

舍。一般认为，通识课程设置应遵循以下原则：

第一，共同性原则。纵向而言，许多人认为，事物总在发展，现在的总比过去的好。殊不知，许多东西是永恒不变的，即真理具有永恒性和共同性。所以，应该从历史的角度，寻找对人类有意义的知识。诸如经典名著课程的选择。横向而言，波义耳和李万尼认为，学生应该有一个共同的知识系统，主张都学习6个主题：符号的使用、团体和组织机构中的成员、生产和消费活动、人与自然的关系、时间概念、价值与信仰。所以，在课程设置上，应该选择必修核心课程，让学生都具备相同的知识系统。

第二，整合性原则。纵向整合将通识教育的目标、理想和观念融合在课程当中，由浅及深地加以整合；横向整合即将人文科学、自然科学和社会科学等不同的学科领域加以整合，以整体性和去学科化将不同领域的知识或同一领域但不同质的学科知识整合在一起，让人文科学、自然科学和社会科学相互融合，相得益彰。

第三，人性原则。人性指的是人具有的正确的感情和理性，所有教育都应该为培养和发展人类的美好人性而努力。通识课程首先应该关注的是在探究自然和社会科学中所体现出的人文关怀，突出人性教育在通识课程中的重要地位。教育家陶行知先生的名言“千教万教教人求真，千学万学学做真人”，应该作为所有教育追求的永恒目的，更应是通识教育课程选择的重要原则。

第四，多元文化尊重和理解原则。科技发展日新月异，信息技术的发展，知识爆炸，导致地球村的概念和事实开始呈现。所以，通识课程选择也应该具有国际眼光，在国际环境中，关注不同地区的价值体系、习俗、文化习惯等。让学生在了解自己文化的同时，能够理解和尊重不同的社会组织、行为和信仰。

三、改革大学通识教育课程的设置

虽然，我国大学的通识教育课程的学分占总学分40%左右，但其中3/4的课程并非严格意义上的通识教育课程，所以，在我国大学的通识教育课程设置中，通识教育课程总的学分比重保持不变，仍然维持总学分40%的比重，但课程的结构需要做出较大的调整。通识教育课程仍然分为通识教育必修课程和通识教育选修课程。弱化必修课程学分，将其比重降到30%左右，增大选修课学分，通识教育选修课程所占学分应占到通识教育课程总学分的70%左右，以发挥学生学习的主体性和主动性。

因为通识教育必修课程的减少，所以将必修课程分为3类，分别为大学外语、大学数学和大学体育。具体的课程设置见表1–13。

表1–13　通识教育必修课程

类别	目标	课程	学分
大学外语	能够具备基本交流的能力	外语口语、外语阅读与听力、外国文化	8
大学数学	抓住数学背景和本质的素养，对现实生活某些问题进行合理量化，建立数学模型。	微积分、统计学、概率论、线性代数	8
大学体育	增强体质，增进健康和提高体育素养	大学篮球、大学排球、轮滑、健身等	4

通识教育选修课程拟分为8个领域，分别为中国文化、西方文明、自然科学、艺术、社会科学、名著阅读、生物与生命、当代问题研究。具体的课程设置见表1–14。

表1–14　通识教育选修课程

类别	目标	内容	学分
中国文化	通过对中国文化的学习，让学生理解我国传统的思想发展史，理解我国传统文化中的人文精神，具备思考我国文化精神的能力	中国文学导论、中国文化及其哲学、中国哲学主流思想、中国思想史、中国文化与教育、中国社会变迁、儒学与中国文化、道教与中国文化、佛教与中国文化、中国科技史等课程	6~8
西方文明	让学生了解西方文明的基本发展脉络，认识西方文化性格，对西方文化或跨文化现象带来的差异能够理解和认同，具有跨文化思考能力	古希腊文化、西方的理性与信仰、西方哲学史、文艺复兴与欧洲文明、西方历史之传统与变革、西方民主政治、美国文化、西方法治思想、中西哲学思想之异同等课程	6~8

续表

类别	目标	内容	学分
自然科学	让学生理解基本的科学概念、理论和方法。通过学习概率与统计、新型材料、空间时间、能源问题等基本和热点问题，让学生能够解释和评估我们身边的科学主张、实验研究以及争议问题	数理分析与统计、海洋探秘、奇妙的水、宇宙、时间、相对论与量子力学、技术与社会导论、气候能源挑战、演绎逻辑、生活中的统计学、逻辑与交流、数学中的艺术等课程	6~8
艺术	通过对音乐、美术、雕塑等艺术品的鉴赏，让学生有审美能力，感悟美，发现美，欣赏美，创造美，并提升学生在生活中的品味	雕塑、中国山水画、西方油画、古典音乐、围棋、书法、陶瓷鉴赏、电影鉴赏、建筑艺术等课程	4
社会科学	通过学习社会类学科知识，让学生了解正义、权利、民主和自由等概念和思想，在生活中有独立的精神和思考能力，在情境中保持自己冷静的批判能力	正义、民主社会的权利、自由、个人与社会、法律与社会生活、近代中国教育思想、日常生活中的心理学、幸福与人生、社会心理学等课程	6~8
名著阅读	通过对名著的学习，抽象出人性的共同因素，发展学生潜在的理性，理解世界中的真理	《圣经》《理想国》《神曲》《浮士德》《梦之解析》《李尔王》《国富论》《论语》《道德经》《红楼梦》等课程	4
生物与生命	让学生理解与生命科学等相关的领域的理论与方法，并学习相关的伦理道德，能够解释和评估我们身边的科学主张、实验研究以及争议问题	营养学、生理学、医学的进化、生命化学、人体组织、人类对海洋生物的影响、生物演化、生态学、医学伦理、老龄化问题等课程	4
当代问题研究	了解当今世界的基本格局，能够分析造成地域间冲突、饥饿、宗教问题等多方面原因，认识全球化带来的影响，尊重不同文化下的价值观和习俗的差异，理解和平和理解对于处理国际争端的意义和价值	宗教与社会变迁、亚洲和世界体系中的日本、传统和转型中的中国、国际新秩序中的亚洲、南北朝鲜、21世纪东亚的不平等、欧洲联盟导论、中东问题、和平研究、美国的社会等课程	4

四、改革大学通识教育课程体系的策略

1.通识教育课程理论的建设

通识课程的理论建设是成功实施通识课程的基础和前提。无论美国、日本还是我国台湾，大学课程改革无不伴随着与之对应的教育哲学，例如哈佛大学4次课程改革和中原大学都有明确的教育哲学。在我国，通识教育理论不成熟，没有专门的通识教育期刊，没有确定的通识教育理念，在这种情况下，怎么可能有令人满意的通识教育课程建设呢？所以，我们应该加大通识教育的宣传，让通识教育深入人心，让教师和学生了解真正的通识教育，对通识教育课程真正重视起来。

2.设置专门机构

通识课程是培养人的一整套课程计划，应该是一个有机的整体，这样，大学才可以设置系统的课程体系，而非随意地开设课程；学生才可以合理地选课，而非盲目地选择课程。哈佛大学、麻省理工学院和中原大学都是将核心课程独立出来，既明确其课程地位，又便于管理，使其内部具有相关性和完整性，保证教学质量。课程的管理则有专门的机构，即通识教育委员会。有鉴于此，我国大学也应当成立“通识教育中心”，或者并入教务处，负责通识教育课程的管理，负责起草课程计划，构建课程内容，协调联络各学院教师开设课程，并实施课程评价；负责制定通识教育有关制度，保证通识课程的顺利实施，并辅导学生合理选课；负责专项经费，用于课程建设和教师进修。例如，1999年我国台湾通识教育学会曾对各院校提出重要建议，成立全校性或校级的“通识教育委员会”，委员会成员包括学校各教学、行政单位主管、有关师生代表、校内外学者专家等。

3.师资队伍的建设

在我国高校的教师和学生心目中，通识课程的重要性是远低于专业课程的。究其原因，与我国一直推崇专业教育有关，也与目前大学教师的素质有关。我国大学的教师，接受的是专业教育，对某一学科或与其临近学科比较精通，而缺乏通识课程所要求的综合性和跨学科性。课程的实施，很大程度上取决于教师。所以，提升教师的素养很有必要。教师的素养不仅仅是学术能力和教学能力，个人的修养也很重要，尤其是个人修养可以激发学生对学

术的崇敬之情，让学生全身心投入学习中。所以，学校应该给教师更多进修的机会，让教师在专有所长的同时，又广泛涉猎不同领域学科知识。拉里·古德温曾在一次教师进修的会议中宣称："课程修订和更新的关键在于教师进修，我们不可能对课程有真正地修正或者说要改革——如果只在增加或减少科目方面着手。除了教什么以外，更重要的是如何教，以及知道学生是怎么学的，如何评估学生的学习。现在我们的急务，是教师的自我检讨反省，以及教师之间的相互学习。"

4.通识教育课程的实施

通识课程的实施是指将通识课程计划付诸实践的过程，一般而言，课程设计得越科学，实施起来越容易。但是，课程设计得再好，如果在实践中得不到实施，那也没有什么意义了。目前我国大学通识课程实施基本还是采用灌输式，教师在课堂上讲，学生在下面听，缺少互动，缺乏交流，不利于通识教育课程目标的实现。所以，大学应该积极推进新的教学模式，例如探究式教学模式，学生在教师的启发引导下主动参与教学活动，通过师生互动、生生互动等方式，积极研究、讨论，共同完成课题，整个过程具有问题性、过程性、开放性、研究性、创新性等特点；经常开办大学论坛来落实全人教育的思想，增进学生的见闻；开展师友叙谈的活动，通过师生小组聚会，彼此交流见解，来帮助学生实现其理想和目标。

5.完善通识课程评价

通识课程评价应该对通识课程的所有方面的价值进行评判，包括课程的目的、设计、内容、教学过程、教学结果等5个方面的评价。通识课程评价在通识课程体系中应占有重要的地位，既是课程实施的终点，又是课程改革的起点。但我国大学普遍缺少通识课程评价，所以完善通识课程评价就显得十分重要，参见表1-15。

总体而言，从整体上评价通识教育课程的实施，手段和方法可以多样化，如可以采用问卷调查、标准化测试、座谈讨论等方式。具体到某一门课程，应该对课程的实施条件、课程内容、教学效果、教学方法等进行详细评价，来掌握通识教育课程实施的情况，同时应该注重形成性评价的作用，更好地改进和提高通识教育课程的质量。

表 1-15　通识课程实施中的分项目评价

项目	内容
课程目标	1. 能制定明确的通识教育课程目标，作为师生努力的方向 2. 通识教育课程目标配合学校的发展或具备理论基础
课程所需资源	1. 设立专门的通识教育课程管理机构 2. 有合适的书籍和教学设备 3. 有专门的通识教育课程的教学和活动场所 4. 有适当的规章制度支持通识教育课程建设 5. 有适当的经费用于通识教育课程实施
课程与教学	1. 设计和规划的课程符合所定目标 2. 所设计和规划的课程符合已有原则 3. 设计和规划的课程有明确的教学大纲 4. 设计和规划的课程能反映学校的特色
师资力量	1. 通识教育课程的任课老师应与其学术专长相互配合 2. 教师开设课程符合规划目标 3. 通识教育课程任课教师有较多的进修机会
质量与效果	1. 学生的评教情况比较满意 2. 一定数量的通识教育课程达到优质课程标准 3. 形成学校特色的通识教育课程

第二章　大学选修课程发展研究与改革

大学选修课程存在的逻辑基础，促进学生个性、潜能得到充分的发展。大学选修课程是课程体系的重要组成部分，至20世纪80年代，选修课程也是我国各大学历次课程改革的焦点。选修课程具有丰富性、动态性、前瞻性的特点，打破了专业上的条块分割，对新兴、边缘学科领域开拓型人才的培养起着重要作用。

第一节　大学选修课程研究缘起

选修课程的目的是完善学生的知识结构，提高学生的人文素质，促进学生的个性潜能的发挥。现在大学的培养模式，力求让学生在有限的时间里，学到最有用的知识、解决问题的方法和技巧来适应社会生活。而选修课更能体现大学中教师、学生的主体作用，更能体现现代人的全面、终身发展的需求，与必修课有着明显的差别。大学选修课程是中外历次课程改革的重要组成部分，是高等教育理念、教育方针和教育内容的直接反映，其设置的水平高低直接影响到大学的发展。

一、新时代人才培养目标的变革

当代大学最重要的历史使命，是培养大量的创新人才，建立科学的人才培养制度是促进整体性人才资源开发的制度保障。耶鲁大学心理学教授、著名的创造力研究学者斯滕伯格认为："创造力是一种提出或者产出具有新颖性和适切性工作成果的能力。创造力需要六种基本元素汇合形成，即智力、知识、思维风格、人格特征、动机、环境。"以培养创新人才为目标的创新教育已经成为大学发展的必然趋势，我国大学的教育模式长期处于单一化状态，专业教育长期被作为核心教育，重视知识内容的灌输。大学应转变教育观念，尊重学生的主体地位，并努力将选修课程的思想，融入新的人才培养过程中来。

二、大学选修课程结构的变革

美国的哈佛大学、麻省理工学院和日本的东京、京都大学等比较重视选修课程，日本的选修课程一般占总课程学习的65%左右，而且近年来有增长的趋势，美国的选修课程已占到总课程的70%，其中还有几所大学只有一两门必修课程，其余全是选修课程。我国大学选修课程比重总体偏低，由此，可见我国大学选修课程的状况需做出改革。

三、大学选修课程标准优化的变革

1980年，学分制在我国一些大学得到恢复。经过多年的发展，我国大多数大学采取的学分制，仍与真正意义上的学分制存在很大差别。“实际上我国大学的学分制，或多或少还带有学年制色彩的学年学分制，无论从教育理念、教学管理制度，还是从实施学分制管理的具体操作层面上来看，都未能摆脱学年制教学管理的模式，与真正意义上的学分制还存在许多差距。”[①]在选修课程的知识内容的选择和选修课程的实施过程中，暴露出来许多问题，偏离了原来开设选修课的意图。因此，各大学要不断提高选修课的教学质量，促进选修课程体系的优化，改善我国大学课程选修的合理性。

第二节　大学选修课程的发展

19世纪初，德国最早提出的“选课自由”思想构成了选修课程的最初思想来源，但选修课程的不断改革、完善是在美国。

一、大学选修课程的出现

1810年，著名教育家威廉·冯·洪堡在创办柏林大学时，提出教学与科研相结合的教育思想。在其思想影响下大学开始注重“学术自由”和“教学研究”。“学术自由”和“教学研究”的内容主要是允许大学教师自由讲学并

① 陈卓.大学生学习自由研究[D].长沙:中南大学,2003:8.

进行科学研究，学生可以根据自己的兴趣、需求与能力选择课程，这是课程选修制的开端，随后在美国和世界其他国家产生重大影响。

1. 大学选修课程出现的背景

18世纪末期，随着科技的发展，大量新兴学科出现，课程体系庞杂，专业课程在包容和接纳新课程和知识方面缺乏灵活性，大学开始在启蒙思想的指导下，寻求适应新的社会环境的途径。大学的学术研究和课程开始逐渐接近社会现实，注重实践。

大学选修课程思想的形成，受当时新人文主义、理想主义者的影响，如席勒、费希特、施莱尔马赫等。席勒是一位新人文主义者，十分重视人的教育，注重知识的完整性和发展性，强调课程应该排除专业的功利性，应该从研究对象本身和学习中获得精神上激励和报偿。费希特曾担任柏林大学校长，多次论证学习自由和教学自由的重要性，并倡导最彻底的外在自由和最广义的学术自由。施莱尔马赫认为："大学的课程要唤起学生学习的观念，并循此观念进入学生选定的知识领域，并能够本能地用批判的目光看待一切知识；在学习中，不是孤立地，而是用相互联系的思维方式探索具体的现象，并进而养成独立研究、发现和阐述问题的能力。"①

2. 大学选修课程萌芽时期的特点

（1）大学选修课程的目标特点

威廉·冯·洪堡在《立陶宛学校计划》中指出："大学课程（包括选修课程）的目标在于培养完全的人，完全的人即有修养的人，修养指的是一种道德和人格上的境界。"②洪堡从新人文主义的观点出发，认为修养是人个性全面发展的结果，是人之所以为人必需的品质，修养与专门的能力和技艺无关，一个有教养的人必须具有个性和谐、全面发展、天赋完全发展、各种潜能圆满的特点。

（2）大学选修课程的设置特点

在选修课程的设置上，洪堡强调课程的统一性，强调科学与人文的统

---

① 张雪.19世纪德国现代大学及其与社会、国家关系研究[D].武汉：华中师范大学，2012：23.

② 张雪.19世纪德国现代大学及其与社会、国家关系研究[D].武汉：华中师范大学，2012：24.

一，反映在课程上，课程内容的各学科知识应相互联系、相互结合。在课程结构上将科学知识与人文知识相联系，构成统一的知识整体。这种统一的知识整体将有助于培养学生的科学洞察力以及创新精神。在当时的柏林大学，“课程总数达78门，包含人文、社会、科学等，几乎囊括了当时除神、法、医学之外所有的高级学问。例如，语言学、历史学、考古学、艺术学、数学、物理学等课程”[①]。每一门课程的具体内容则多为教授和学生的最新纯学术研究成果。

（3）大学选修课程的教学特点

洪堡在柏林大学提倡seminar的教学模式。在教学方式上，教师不是知识的搬运者，而是学习的引导者，学生在教师的引导下，自主进行所学学科问题的研究。“在学习方法上，不是背诵教师的上课内容，而是在教师的指导下独立从事科学研究，在研究中学习。”另外，洪堡认为，大学生应当通过参与研究和主动的学习与思考，来完成其自身的修养。师生通过探究式教学方式，可以就某一共同感兴趣的问题进行探讨、研究。正是在这样自由地探究过程中，科学与人文得到了统一。在探究式教学模式中，学生结成小组，在教师的指导下，就某一问题或者课题，在充分的学术自由氛围中，平等地进行学术探讨。

二、大学选修课程的确立

19世纪之前，美国高等教育效仿英国的“绅士教育”。培养的主要是少量官员、律师和教师，课程主要是必修的几门人文科目，学生没有选课的自由。大学选修课程自从引入美国后，大学选修课程的发展、确立和完善主要在美国。大学选修课程的发展大体可以划分为3个阶段。

1.大学选修课程的尝试阶段

（1）大学选修课程的开启

1815年，杰弗逊在自己创立的弗吉尼亚大学极力提倡“思想自由”和“学术自由”，允许学生有一定的选课自由，学生的选修课程可以在古典语言学、现代语言学、哲学、几何等8个学科之间进行选择，不准备拿学位的课程，可以任意选修学院所提供的所有课程。但是，一旦学生根据自己的兴趣

① 张雪.19世纪德国现代大学及其与社会、国家关系研究[D].武汉：华中师范大学，2012：25.

选择了主攻方向，就不能再选其他方向。虽然当时科目较少，选修的范围比较小，但这开启了美国大学选修课程的尝试阶段。

虽然，美国主要的几所大学如弗吉尼亚大学、哈佛大学根据自己办学特点，进行了课程改革并引入了选修课程。但是，早期的选修课程在美国推行并不顺利，在实施过程中受到各方保守势力的阻碍。哈佛大学当时的校长乔治·蒂克纳提出教育思想改革，遭到保守教师的阻碍，最终学生在平行学院所开设的课程不能自由选修，导致大学选修课程的改革没有达到其预期设想，改革失败。

（2）大学选修课程尝试阶段的特点

大学选修课程，在美国许多学院，因为教育经费和反对派的阻碍，改革最终失败。但是，可以看到大学选修课程在尝试时期的主要特点：

第一，大学选修课程理念方面，无论是杰弗逊、乔治·蒂克纳还是约萨·昆西，都提倡“讲授自由”和“学习自由”的理念，这一理念是选修课程推行的基础。

第二，大学选修课程自由度上，哈佛大学、弗吉尼亚大学都是在高年级进行选修课程，并且要求学生的选修课程要有所侧重。

第三，大学选修课程的科目少。如，弗吉尼亚大学只提供了8种科目，并且只能主攻1个方向，学生可以选修的范围较小。

2.大学选修课程的确立

（1）大学选修课程制度的确立

工业革命时期，美国的经济取得了快速的发展，出现了新兴的行业，这使得经济学家、自然科学家成为社会发展不可或缺的重要人才，导致美国大学不得不重视、调整教育目标和课程设置。自然科学人才的培养，使得自然科学相关课程的地位迅速提升。这使得以选修制为教学手段的自然科学得到社会的认可，选修课程走向确立。

1869年，当时哈佛大学校长艾略特，坚定不移地支持选修课程，他相信，只要使用相同的标准对待不同学科的教授与学习，每一门学科都可以具有统一的科学价值。1872年，在艾略特的领导下，把所开选修科目根据学习难度和时间折算成学分，学分制在哈佛大学确立下来。在艾略特任哈佛大学校长期间，一直在推进选修制，最终形成了全部选修、半选修、主选修、辅选修的选修课程模式。到此，大学选修课程正式在高等教育中确立下来。

美国大学选修课程经历了一个多世纪的发展，对世界高等教育产生了巨大影响。民国时期，一些先进的教育学者深受美国教育思想的影响，并将选修课引进我国的高等教育中。选修课程能进入当时的校园，一方面，教育权利一般掌握在懂教育的人手中，他们怀着教育救国的思想努力改造中国的学府，另一方面，我国处于从封建思想解放出来，各种思想争鸣时期。

中国大学选修课程选修可追溯至清末民国初期。1898年，京师大学堂的建立，标志着我国近代高等教育开始。“近代学制开始于清末《壬寅学制》的颁布，1904年，《奏定学堂章程》的颁布奠定了我国近代课程制度的基础，其中，《奏定大学堂章程》中规定了8科46门课程，各专业课程又分主课、补助课和随意课。”①其中前两类为必修，随意课为自由选修。1909年清学部奏请朝廷改革课程设置并倡导分科制，虽然分科制并不等同于选修制，但却是课程选修的前提。

1909年，哈佛大学校长劳威尔，针对艾略特的选修课程的缺点，提出相应的改善措施，使得选修课程更加完善。劳威尔实施集中分配制度，即本科生就读期间必须完成16门课程，其中6门主修，要求必须全部集中在某一专业领域，6门必须为专业以外的自然、社会、人文三个领域，4门自由选择②。为加强学生的指导工作，避免学生在学习中盲目选择或过分的依靠兴趣选择，劳威尔引进导师制，即在学生学习满一年后给学生配备相关导师，指导学生的选择。美国很多大学参考了劳威尔的导师制，有效遏制了前期无限制的自由选修。

（2）大学选修课程开设的特点

这时期选修课程的特点体现在以下几个方面：

第一，选修课程内容充分考虑到学生个体的不同特征和自我的兴趣爱好之间的差异，允许学生自主选择课程。

第二，选修课程进一步增加了大学与社会的紧密度，帮助社会培养了一大批自然科学相关的专业人才。

第三，选修课程同样存在过度自由、专业化等特点，导致学校教学工作混乱，教学质量的严重下滑。

① 王博.清末民初教育期刊对教学变革的影响之研究（1901—1922）[D].长沙：湖南师范大学，2013：27.

② 徐志强.自由与使命[D].保定：河北大学，2013：39.

3.大学选修课程完善时期

（1）大学选修课程的完善

20世纪初期，由于自由选修的自由度过大，产生课程体系凌乱，选修课程对社会和个人产生价值较小，遭到了反对派的非议，大学选修课程经历了3次局部的调整。与此同时，我国大学选修课程经过20多年的发展，对当时的高等教育产生了重要影响。

五四运动时期，由于受到欧美课程思想的影响，天津南开大学的张伯苓先生从欧美引入了选课制，在南开大学实施了选课制。然而，教育界普遍认为我国大学选修课程始于1918年（蔡元培在任北京大学校长期间推行的类似于美国的学分制）。北京大学选修课程规定，学生在本科阶段获取的总学位学分满足80个即可毕业，而且规定必修和选修的课程比例各占50%。随后，东南大学、金陵大学等多所高校，也将高校的教学模式更改为选课制，放弃原先的学年制。在1922年国家颁布课程改革中，特别强调要加强学生的个性化发展，规定了大学必须采用选课制和学分制。所以在随后20多年，全国几乎所有的高校都实施以选修制和学分制并行的教学模式，其中主要是以选修课程为核心的学分制。

1910年，哈佛大学校长洛厄尔推行集中与分配制，集中课程主要是表达艺术、自然和归纳性科学、抽象和演绎性研究、归纳性社会科学4组，学生在这4组中最少学习6门（这6门课程应该集中在一个主修方向）。除此之外，学校允许学生自主选择一定数量的跨学科和专业的课程。集中与分配制度有利于保障学生对主修学科的学习深度，同时，保证学生对其他专业课学习的广度。

1933年，哈佛大学校长柯南特组织了一个专门教育委员会，对美国的高等教育进行调查。调查显示美国高等教育过于专业化。随后，美国高等教育要学生无论哪个专业，都应该修习一些“西方遗产”的知识、思想和价值观，实现学生个性与共性的平衡。哈佛大学要求本科生在校期间必须学习16门课程，其中6门为普通课程，而且必须是有关人文、自然、社会3个方面。这次改革强调选修课及课程内容的丰富性，使美国高等教育选修课程的理念得到进一步完善。

1943年，哈佛校长柯南特组建研究小组，对“自由社会普通教育”进行研究，并在1945年，发表了课程改革报告书，并要求哈佛大学各部门在

1949年3月执行。要求学生在校期间必须接受普通教育。要求学生既要接受专业教育，又要接受普通教育，帮助学生建立严谨的知识体系。但是由于当时国情，哈佛大学将大部分精力投入学生的职业教育，并且学校为获得政府经济支持，重点发展科研教育，导致学校内部不能给学生提供全面的指导，严重阻碍了选修课程的发展。

（2）大学选修课程完善时期的特点

在这一阶段，大学选修课程的特点如下：

第一，趋向在自由与限制之间力求寻找一个平衡点；

第二，选修课程目标更加明确，几乎每个科目都有自己的课程目标；

第三，选修课程内容趋向综合化、体系化；

第四，选修课程开设上千门，学生选择的范围较广；

第五，实行弹性学分制，学分允许校际进行互换。

三、二战后大学选修课程的演变

1.二战后美国大学选修课程的演变

在1970年到21世纪初，美国政府促使美国大学对自身的职能进行改革，由原先注重培养专业学术的教育，转变为注重学生个性发展教育。最主要的表现是加大学生选修课的数量，增强学生对课程的适用性。为了适应社会和学生的发展，美国对大学选修课程就一直没停止过改革，2003年，美国的哈佛大学取消学分制改为课题制，并且要求学生毕业前，要学习至少8个课题并且学习2个学期，之后选修其他课程。

美国的教育界一直在探索学生的兴趣爱好、学院学术价值和社会价值之间的平衡问题。依据美国的调查显示，有75%的学生表示，选修课程加强后，有助于他们在今后的学习深造，有助于拓展学生的个性发展。美国大学选修课程的不断改革有助于美国高等教育的发展，有助于本科课程体系的不断完善，对世界其他国家的高等教育和课程发展产生重要影响。

2.日本大学选修课程的演变

战前日本的高等教育是模仿欧洲的教育，课程主要是专才的教育科目，几乎没有选修课程。依照日本高等教育政策与条例，把日本的选修课程发展划分为4个阶段。

（1）选修课程基准化阶段（1948年—1955年受到美国大学教育方式影响下的改革阶段）

1787年，东京大学的建立是日本近代高等大学的开端。1886年《帝国大学令》明确规定，大学院研究学术技艺的奥秘，分科大学教授学术技艺的理论及应用。无论是大学院还是分科大学的课程设置，都充满强烈的国家主义色彩，以专业教育为主，没有真正的选修课程的出现。

二战后，美国依照“非军事化和民主化”要求日本进行课程改革，接着日本颁布了《学校教育法》，日本大学纷纷进行了改革，全部转为四年制的大学。

1946年，美国教育使节团对日本的高校进行调查，对日本的教育理念提出猛烈的批评，要求日本改革课程体系，设置充满民主和自由的选修课程，给学生提供丰富的文化性课程、个性课程和社会性的课程。此教育思想成为日本实施选修课程的理念基础。

美国将1945年哈佛大学报告书介绍给日本高等教育人员，指出高等教育选修课程的目的在于培养完人，而不是开设过分细化的专业，培养只有部分技能的人。

完人需要具备最基本的4种能力，即明晰的思考能力、清晰的沟通能力、明确的判断能力和对事物人生的理性认知能力。

选修课程需要涉及人文课程、社会课程和自然课程三大领域等，并提出了选修课程开设的目的和内容。日本依照美国高等教育的课程进行课程改革，希望高等教育通过人文、社会、自然科目的开设，培养教养深厚和见闻广博的人才。

1947年，日本基准协会颁布《大学基准》。《大学基准》依照美国哈佛大学课程设置，引进选修课程，同时规定了大学设立的条件、课程开设和毕业学分等。《大学基准》中规定选修课程内容及学分。参见表2-1。

基准化时期，一般科目中的选修课程文理科目设置45门，选修课程与现在三四百门相比还是比较少。其中文科和理科选修课程在自然、社会和自然三大科目至少各选4门，文科选修至少比理科多修2门。文科学生选修课学分占总学分比例比理科高3.22%，可以看出文科选修自由度大。同时，看出那时日本的专业课程可供选择的自由度相对较小。

表2-1　1948—1955年日本《大学基准》规定的年选修课程内容及学分

<table>
<tr><th colspan="2" rowspan="2">选修课程</th><th rowspan="2">具体科目</th><th rowspan="2">科目数</th><th colspan="2">学分</th><th colspan="2">专业学分</th></tr>
<tr><th>文科</th><th>理科</th><th>文科</th><th>理科</th></tr>
<tr><td rowspan="3">一般科目</td><td>人文科目</td><td>哲学、心理学、教育学、历史学、文学等</td><td>15</td><td rowspan="3">28</td><td rowspan="3">24</td><td rowspan="2">80</td><td rowspan="2">84</td></tr>
<tr><td>社会科目</td><td>政治学、经济学、社会学、统计学等</td><td>15</td></tr>
<tr><td>自然科目</td><td>数学、物理、化学、地质学、生物学等</td><td>15</td><td colspan="2"></td></tr>
<tr><td>专业科目</td><td></td><td>各专业的限选和自由选修</td><td>17</td><td>5</td><td>5</td><td colspan="2">毕业学分</td></tr>
<tr><td>合计</td><td></td><td></td><td></td><td>33</td><td>29</td><td colspan="2">124</td></tr>
<tr><td>选修比例</td><td></td><td></td><td></td><td>26.61%</td><td>23.39%</td><td colspan="2"></td></tr>
</table>

（2）选修课程设置省令化时期（1956年—1970年）

1956年，日本文省部修改《大学基准》，以文部省省令颁布了《大学设置基准》。《大学设置基准》重新加强专业课程，选修科目由原来45门减到36门，同时允许相关专业的基础学分代替原先的选修课程的学分。

（3）选修课程的尝试阶段（1971年—1990年）

在此阶段，日本的经济和科技的飞速发展，社会出现了许多新兴行业，高等教育毛入学率1963年达到15.7%，进入大众化阶段。基于此，日本进行了小规模的课程调整，课程趋向综合化与灵活化发展。有的学校只规定一至两门必修，其余任选，有的则规定学分，课程任选，同时允许不同学校的学分互换，促使了日本大学的教学模式由数量的发展向质量的发展转变。

（4）选修课程多元化阶段（20世纪90年代至今）

1991年以后，日本要求大学课程设置自由化，解决原先的课程内容和教学计划死板的弊端，倡导高校的教学方式多元化，加强学生的多样化、个性化的培养，各个学校根据自己的需求与特点确定选修课程及目标。此阶段选修课程的科目东京大学多至868门，东京大学必修课程只规定为26学分，限制选修课程占毕业学分的65.08%，自由选修课程18分，毕业总分126，必修课只占毕业学分的20.63%。

3. 中国大学选修课程的演变

新中国成立之前，我国大学还保留着选修课程制度。1952年至今，我国大学课程方面出现4次大的变革。

（1）大学选修课程全面停滞与取消时期（1949年—1978年）

随着新中国的成立，国家随即对高等教育进行院系和课程调整。我国高校全盘苏化，实施学年制教育模式，停止实施原先的学分制，课程体系与课程内容全是为培养专才而设置，选修课几乎被取消。

其中，高等教育经历“文革”，课程几乎丧失殆尽，专业需要什么，课程就设置什么，完全不存在大学教育精神。

（2）选修课程改革开启和复苏时期（1979年—1992年）

在20世纪70年代，我国的社会经济局部改革发展，国家逐步确认了社会发展以市场经济为主体的社会体制，需求的专业更加宽广，需要专业人才发挥更强的个人潜能。在这样的需求下，选修课程逐渐受到大学的重视。

1980年在教育部拟定的大学理科教学计划中规定：“学年制的教学计划，选修课不低于总课程的10%，学分制的教学计划，选修课不低于总课程的30%。”

1983年，在国家高等教育改革相关讨论会议上，重点讨论了快速发展高等教育、课程的优化，大学学分制的实施和推广，大学选修课程等问题，国家从制度上为选修课程和学分制提供了制度保障。

1985年《中共中央关于教育体制改革的决定》发布后，到1986年200多所大学推行了大学选修课程。1987年到1992年大学选修课程出现过短期的缩减现象，1992年，我国高等教育进一步深化改革，大学选修课程得到大力推广。

我国的大学选修课程包括限制性选修课（主要是学院专业课程之中选修）和任意选修课，任意选修课分为人文、自然、社会、工程和艺术类等，跨学科人文素质课程。选修课程总学分包括限选课程在内最高也只能达到15.25%。

如表2–2浙江大学3个文科学院所示：

表2–2　浙江大学三个文科学院选修课程学分比重

<table>
<tr><td>专业名称</td><td colspan="2">汉语言文学</td><td colspan="2">教育学专业</td><td colspan="2">历史学专业</td></tr>
<tr><td>限选课学分</td><td>11.5</td><td rowspan="2">21.5</td><td>12.5</td><td rowspan="2">22.5</td><td>10</td><td rowspan="2">24</td></tr>
<tr><td>任意选修课学分</td><td>10</td><td>10</td><td>14</td></tr>
<tr><td>毕业总学分</td><td colspan="2">150.5</td><td colspan="2">147.5</td><td colspan="2">164.5</td></tr>
<tr><td>选修占毕业总学分比例</td><td colspan="2">14.28%</td><td colspan="2">15.25%</td><td colspan="2">14.59%</td></tr>
</table>

就同时期我国大学选修课明显看出，我国大学的选修课程的数量小于美国的，而且我国部分的大学提供的选修课程数量少，导致选修也成了必修。美国必修课程很大程度上也是可选修的，而在我国的大学中，选修和必修是彻底分开的。并且培养专业化人才的课程体系，仍然是大学的主要课程特点。

（3）大学选修课程多元化时期（1992年至今）

“20世纪末期，随着我国高等教育事业全面的深入改革，大学开始强调本科生在大学学习中的自主权，要求大学开始逐步的扩大学生的自主选择权利，这成为大学教育制度改革的趋势。”[①]在90年代，选修课程主要有五大类：文化类（博雅选修课程，主要是为了培养学生的文化情操）、拓展知识类（为了全面拓展学生知识面相关课程）、横向专业拓展类（为了拓展学生在专业知识得到横向延伸）、专业纵向拓展类（为了加深学生对专业知识的理解）和可持续类（为了能让学生获得终身学习的工具类课程）。

这段时期，选修课程内容比较丰富，选修课数量大量增加，选修课学分得到大幅度提高。其中，改革比较成功的是浙江大学竺可桢学院，具体见表2–3。

① 杨红珍.我国课程改革20年:回顾与前瞻[D].长沙:湖南师范大学,2012:12.

表2-3　浙江大学竺可桢学院课程及学分修读要求

课程结构	课程名称	学分
通识课程	历史与文化	3理工
	文学艺术类	3理工；1.5文
	经济社会类	3文
	沟通与领导	1.5
	科学与研究	3文；1.5理工
	技术与设计	3
大类课程	文科大类：经济课程、人文课程、数理课程、科技课程等	25
	理工大类：生物、物理、化学等课程	16
	工科大类：数学、电类、力学等课程	20
毕业总学分160	选修课学分：文科73；理工科73	选修学分总学分比例：文科45.62%；理科45.62%

如表2-3所示，选修课程门数增加，选修课程学分高达73分，占总学分的45.62%，选修课得到快速发展，选修课的教育理念逐步深入我国高等教育之中。

第三节　大学选修课程体系分析

在大学选修课程发展史上，德国、美国、日本都做了积极的探索。哈佛大学是美国选修的典型代表。东京大学和广岛大学在日本选修课程中进行了积极的探索。我国的北京大学和清华大学能反映我国大学选修课程发展的情况。

一、大学选修课程设置内容

1.大学选修课程目标的设置

选修课程目标主要是指选修课程领域的课程目标，即具体目标在选修课程领域中的表现。大学选修课程目标是选修课程内容选择、教学组织和教学结果评价的重要标准；缺乏科学、合理的选修课程目标，一切选修课程的活动都是盲目的。

著名教育家泰勒提出课程目标制定要有3个方面的内容：对学生的研究，对当代社会生活的研究，学科专家的建议。我国课程论专家施良方对以上3点进行了深入研究，认为在对学生方面，课程目标要满足学生兴趣与需要、认知与情感、社会化与个性培养等方面要求，课程目标体现社会文化、价值观、经济、社会环境及政治制度等，课程目标关注学科结构、功能、本学科与其他学科的关联等。参见表2–4。

表2–4　中外大学选修课程的目标

大学名称	科目	大学选修课程目标
哈佛大学	历史课程	通过历史研究领域选修课程的学习，使学生获得清楚有效的历史知识，学会用历史的批判的眼光去认识社会、人生和世界，对为学生在专业课的基础上进一步发展其兴趣并广泛接触新的领域提供便利，选修课同时为学生选择专业提供指导，着力点在于学会并运用历史方法认识问题
麻省理工学院	自然科学课程	培养学生运用基本原理，全方位地洞察、透视自然和社会现象的能力；养成成熟处理事情的能力；迎接现代社会挑战的能力
东京大学	专业限选课程	全面的理解专业方向知识的多样性和科学性，具备综合其他学科知识的能力；掌握学习更深层次课程知识的基本工具和技能；具备学习专业知识的思考方式，具备批判的思考方式；形成良好的终生学习的习惯
广岛大学	语言课程	形成引导学生自觉学习的活力教育场，促进学生与教师的对话；发展语言能力，利用上课时间育成英语作为国际语言的交流能力，改善教育内容，促进学生平常自学；充实宽广深厚的基础教育

续表

大学名称	科日	大学选修课程目标
北京大学	通选课	加强学科知识体系之间的联系，强化学生人文科学基础知识的学习；建立以学生为本、素质教育为基础的选修课程体系；为学生在专业方向提供多学科交叉渗透的教学课程，拓展学生的视野，丰富学生基础知识，让学生涉猎不同的专业科学领域
清华大学	核心课程	培养学生对学术和文化的兴趣；拓宽基础，沟通文理，掌握一些学术领域的研究方法和思想，培养学生丰富高雅的情趣，最终把学生培养成复合型和国际型人才

2.大学选修课程的内容选择

（1）哈佛大学选修课程的内容选择

哈佛大学的选修课程模式是最能体现高校选修课程模式的，其主要教学思想是为大学生在人文、社会、科学方向提供非专业性的教育，充分丰富大学课程内容，确保大学生可以获得全面性、广泛性的知识，保障学生的个性、智力、身心和兴趣得到发展。

“哈佛大学课程由通识教育课程、专业课程和任意选修课程三个部分组。”①从修读的自由度上，哈佛大学的选修课程，分为限制性选修课和自由选修课。“除了规定的几门必修专业课，其余的本专业的课程为限制性选修课，限制性选修课每个大学与专业各异，通识课程中的核心课程最能代表哈佛大学课程特色，总数大概为180门，主要集中在8个专业领域。”②任意选修课除了从本学校开设的课程中选择，还可以从与哈佛大学学分互换的其他14个大学中选修。哈佛大学选修课程类型、课程内容等，参见表2-5。

① 范姣.二战后美国课程改革的整体特征及其带来的思考[D].长沙：湖南师范大学，2006：35.

② 刘春香.美国基于共同标准的课程改革：策略与启发[D].上海：华东师范大学，2014：65.

表2-5　哈佛大学选修课程概况

课程类型	课程性质	课程内容	学时数	门数
通识课程	A.文学、外语（限选）	核心课程从哈佛大学规定的8个专题中选择	150	3
	B.核心课程		300	6
专业基础课程	限选课程	本专业相关的课程，各专业开设的课程较多（如物理专业选修课程127门），可供选择的范围广，学生的自由度高，几乎成了任意选修课	300	6
无专业要求的课程				
跨学科课程	自由选修	其他专业和学科提供的各种课程；与专业相关的研究生层的课程；独立学习和研究的课程；哈佛大学及其他大学的选修课程	400	10
合计	限制性选修课：51.8% 任意选修：27.5%		1 150	26
毕业课程需求			1 450	32

结合表2-5发现，美国哈佛大学选修课程特点如下：第一，强调选修制课程的综合性。由于现有知识体系的庞大性和丰富性，大学应该为大学生提供全面的综合的选修课程。这种选修课程可以帮助大学生培养其创新能力，培养其收集问题、分析问题和正确处理问题的综合能力。第二，更加注重学科知识的整体性，学科知识的整体性不是仅仅体现在选修课程的选择宽泛性上，更多的是要体现在课程知识之间的联系中。在其选修课程的改革过程中，哈佛大学加强了自然科学方面的选修课程，压缩了人文类的选修课程，并且更加注重学科之间的联系，避免出现学术价值不高的选修课程。第三，注重选修课程中的限制性选修课，限制性选修课的比例高达51.8%，这样就可以保证学生学习的广度，又可以保证学生学习的系统性。第四，哈佛大学课时数较少，这样可以留出更多的时间，学生根据自己的能力与需求自主学习。我国大学一般课时比较多，如复旦大学物理系专业，学生毕业总课时达

2 700之多，其他院校课时更多。

（2）麻省理工学院的选修课程内容选择

麻省理工学院提倡学生在入学时，不用选定某一专业，在了解所有的专业后，确定自己的专业，学生选择适合自己的选修课程。“在选修课程设置上，提供主要大的三类选修课程，提倡学生利用好各种选修课程，培养创新能力的智力领袖、问题解决者和终身学习的习惯与激情。”[①]参见表2–6。

表2–6　麻省理工学院的选修课程概况

<table>
<tr><th colspan="3">课程类别</th><th>内容</th><th>门数</th><th>学分</th></tr>
<tr><td rowspan="5">核心课程</td><td rowspan="3">自然科学类课程</td><td>6门自然科学基础类课程</td><td>生物、化学、数学和物理4个科学领域的若干门课程</td><td>每个领域1~2门</td><td rowspan="5">180</td></tr>
<tr><td>2门限制性科学技术选修课程</td><td>巩固一年级自然科学的课程，介绍某一领域原则、原理、工作态度、方法等课程</td><td>1</td></tr>
<tr><td>1门实验类课程</td><td>实验基础、数理分析、实验技能、实验结果分析、实验的道德性思考的课程开设50门</td><td>1</td></tr>
<tr><td>人文、艺术和社会科学类课程</td><td>分布课程、选修课程和集中课程</td><td>语言和写作技能课程，人类文化知识、人类活动的思想观念和思维系统课程，社会、政治和经济课程，艺术与自我表现课程</td><td>8</td></tr>
<tr><td>交流课程</td><td></td><td>写作、语言交流和专业写作方面课程</td><td>4</td></tr>
<tr><td>系要求的课程</td><td>专业课程（限选）</td><td></td><td>各专业方面的课程</td><td>2</td><td>25</td></tr>
<tr><td>自由选修课程</td><td></td><td></td><td>发展学生兴趣、特长和个性的本校课程和跨校课程</td><td>4</td><td>48</td></tr>
</table>

① 肖鑫.麻省理工学院本科课程设置及特点研究[D].长沙：湖南师范大学，2011：41.

麻省理工学院选修课程的特点主要是：第一，选修课程种类丰富。核心课程又分为三大类，每类课程都开设上百门课，仅实验课一类就开设50门供学生选择。第二，选修课程目标明确。每类课程都有具体的目标，如人文、艺术和社会科学类课程目标：学生能对人类社会有一个广泛的理解，发展他们的语言和写作能力，对人类文化知识、人类活动的思想观念和思维系统有所认识，对社会、政治和经济有所熟悉，对艺术交流和自我表现能力有所把握等。

（3）东京大学选修课程的内容选择

东京大学的选修课程分为五大模块：限制性选修课、基础课程、主体课程、综合课程和跨类科目，其中综合课程和跨类课程两者的比重比较大。东京大学选修课程这样设置的主要目的是：要求学生能够获得宽泛的课程基础知识，并且建立全面的知识架构，而且掌握相关专业领域内的思考和训练方法，进而培养学生获得终身学习的能力。参见表2–7。

表2–7　东京大学选修课程概况

<table>
<tr><th>课程类别</th><th colspan="2">内容</th><th colspan="2">门数</th></tr>
<tr><td rowspan="5">基础科目</td><td colspan="2">信息处理</td><td colspan="2">2</td></tr>
<tr><td rowspan="2">方法论基础</td><td>人文科学基础</td><td>2</td><td rowspan="4">8</td></tr>
<tr><td>社会科学基础</td><td>2</td></tr>
<tr><td colspan="2">基础演习</td><td>2</td></tr>
<tr><td colspan="2">体育</td><td>2</td></tr>
<tr><td rowspan="6">综合科目</td><td colspan="2">思想・艺术</td><td rowspan="3">8</td><td rowspan="8">25</td></tr>
<tr><td colspan="2">国际・地域</td></tr>
<tr><td colspan="2">社会・制度</td></tr>
<tr><td colspan="2">人间・环境</td><td rowspan="3">8</td></tr>
<tr><td colspan="2">物质・生命</td></tr>
<tr><td colspan="2">数理・情报</td></tr>
<tr><td rowspan="2">主题科目</td><td colspan="2">主题讲义</td><td rowspan="2"></td></tr>
<tr><td colspan="2">全校自由研究研讨班</td></tr>
<tr><td>跨类科目</td><td colspan="2">跨学科课程</td><td>78</td><td></td></tr>
</table>

目前东京大学的选修课程的主要特点有：第一，东京大学选修课程的教

学方式中不仅包含了正常的课堂讲授方式，还包含实验课程、社会实践等教学方式。要求学生在不同的教学方式下学习相关专业内的基础知识，为后续的学习做好铺垫。第二，注重学科的综合性和技术的前沿性，在东京大学提供的综合课程、主体课程以及跨学科的课程，不仅要求学生掌握自己专业领域内的知识，还要掌握不同专业领域内课程之间的内在联系，同时还让学生接触到相关领域内的前沿知识。

（4）广岛大学选修课程的内容选择

广岛大学的选修科目主要包括两大部分：教养教育科目和专门教育科目。其中，教养教育课程又包括4类科目：共通科目、核心科目、基础科目和运动实习科目。参见表2-8。

表2-8　广岛大学选修课课程概况

<table>
<tr><th colspan="3">科目分类</th><th>课程性质</th><th>要取得的最低学分</th></tr>
<tr><td rowspan="7">教养教育</td><td>共通科目</td><td>信息科目</td><td>自由选择</td><td>2</td></tr>
<tr><td rowspan="4">核心科目</td><td>Paekage科目</td><td>限制性选修</td><td>6</td></tr>
<tr><td>综合科目</td><td>限制性选修</td><td>2</td></tr>
<tr><td>自由选择科目</td><td>自由选择</td><td>2</td></tr>
<tr><td>领域科目</td><td>自由加限制性选择</td><td>6</td></tr>
<tr><td colspan="2">基础科目</td><td>自由加限制性选择</td><td>6</td></tr>
<tr><td colspan="2">运动实习科目</td><td>自由选择</td><td>16~18</td></tr>
<tr><td>专门教育</td><td colspan="2">相关专业的课程</td><td>自由加限制性选择</td><td>66</td></tr>
</table>

广岛大学的选修科目种类较多，在教养教育科目中核心科目一般选修七至八门，核心课程既可以保证学生的学习的广度，又可以保证学习的深度。专业课程中的自由选修和自由选修的比例较大，必修课程门数只占到总课程的18%，体现了现代课程厚基础宽口径的特点。

（5）北京大学选修课程的内容选择

北京大学的课程，按照学生修读课程的学分性质来划分，可以分为必修课和选修课；按照课程所面对的学生来划分，可以分为全校课程、跨院系的大类课程、院系课程和专业课程；按照学校课程体系建设划分，可以分为思想政治课、体育课、大学英语课、计算机基础、军事理论课、通选课、公选课、大类平台课、主干基础课、院系课和专业课。

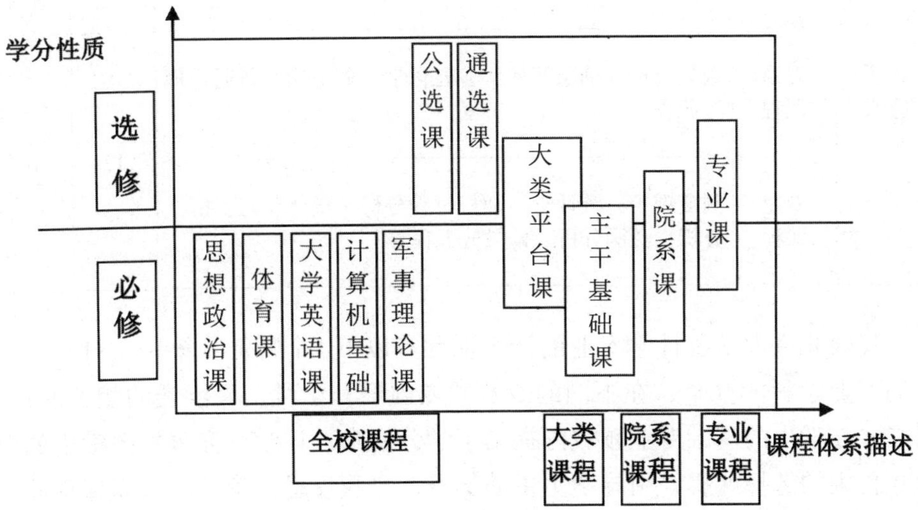

图2–1　北京大学课程结构图

我国北京大学开设的选修课程，主要由5个部分组成：公选课、通选课、大类平台课、院系课和专业课。大类平台课、院系课和专业课主要是相关专业开设课程，其中一些可以限制性选修。公选课主要是其他学院提供的课程。通选课是模仿哈佛大学的核心课程进行开设，主要分为6类，学生可以在通选课中选择课程。北京大学统计学专业的选修课程内容，参见表2–9。

表2–9　北京大学统计学专业选修课程概况

类别		内容	开设门数	需修门数
本科素质通选课		数学与自然科学类、社会科学类、哲学与心理学类、历史学类和语言、文学与艺术类（至少4学分，其中至少1门是艺术类课程）	307	7~8
公选课课程		外院系提供的跨类课程		8
专业限选课	大类课程	拓扑学、抽象代数Ⅱ、偏微分方程、微分几何、实变与泛函、实变函数等	72	6
	院系课程	数据分析、抽象几何、普通化学、概率论、普通物理等课程	17	10
	专业课程	测度理论、统计学、随机过程分析、微分几何、拓扑分析、泛函分析、偏微分方程等		

我国北京大学统计学专业的选修课程有以下4个特征：第一，打破了原先的专业学科的壁垒，在不同的专业领域内增开学科交叉渗透的相关课程。第二，在学生的基础专业领域内提出了学分要求，让学生充分发挥学生的个性，自主的选择课程，引导学生主动学习，自我反思。第三，选修课程的门数较多，但是缺乏完整系统。第四，选修课程的教学方式80%是口授。第五，限制性选修课比较少。我国选修课数量远超美国，但是，美国和日本限制性选修课较多，限制性选修课既能体现学生选课的自由，又能保证学生在某一领域的学习深度。

（6）清华大学选修课程内容

自20世纪90年代，清华大学为了培养国际型和复合型的人才，在本科课程的开设中增加了综合人文素质的课程并对选修课程进行了调整，选修课程具体内容，参见表2–10。

表2-10　清华大学选修课程概况

选修课程类别	课程科目	课程内容	选修门数	学分
通识教育课程	通识教育核心课程	中国文明、西方文明、中国与世界、地理学概论、生命与人生科学导论、化学导论、批判思维概论、道德推理、艺术与审美等课程	8	24
专业相关的课程	专业限选课	提供几十至上百门	5	16
任意选修课程	任何院系开设的课程		10	20

清华大学选修课程特点如下：第一，相对重视通识教育中的核心课程。核心课程8门，从每个类型中选择1~2门。第二，专业选修课程中必须与限制性选修相结合，专业限制性选修课注重基础，有利于学生以后的学习和研究。第三，任意选修课，无论是数量还是质量，都具备一定的实力。补充了理工科院校中学生文科基础相对薄弱的缺点，体现了学校选修课程的目标。可以看出清华大学选修课程内容，注重学科间的融合，注重培养综合类人才。

3. 大学选修课程管理的实施情况

美国的哈佛大学、麻省理工学院和日本的东京大学、广岛大学，有专门的课程委员会和学部负责，我国清华大学和北京大学在选修课程管理上，学校统一管理，相关专业院系则负责课程开设和整理，中外大学选修课程管理，参见表2-11。

表2-11　中外大学选修课程管理

国家	管理机构
美国	课程委员会
日本	学部
中国	学校统一管理，相关专业院系负责

哈佛大学和麻省理工学院，专门设置了选修课程委员会，其主要职能是处理选修课程的日常事务，确保选修课程的教育教学计划顺利完成。东京大学和广岛大学设立了专门的学部，负责选修课程的教育教学。其选修课程是为了学生后续的专业教育的铺垫，所以东京、广岛大学的选修课程可以被认为是专业教育的基础培训。

北京大学和清华大学并没有针对选修课程设置专门的负责部门，其教学管理一般是由学校统一管理，相关专业的院系则负责选修课程的教学工作，即由学校教务处负责选择选修课程和课程教育管理工作，学院则负责选修课程的讲授工作。

二、大学选修课程体系内容的分析

1. 中外大学选修课程目标比较

选修课程目标有以下3个方面的内容：第一，相关专业方向的选修课程是专业课程的补充。这一方面的选修课程目标，主要是为了拓宽学生的知识范围，强调不同专业之间的渗透交叉、文理相结合、科学与人文知识互相结合，要求理工科学生具备相应的人文知识，而文科生可以具有专业分析的科学方法。第二，跨学科的选修课程，主要是帮助学生构建全面合理的知识体系，全面开发学生的智力和创造力，让学生可以具备对问题或相关专业前沿具备判断、选择和思考的能力。第三，人文素质的选修课程，主要是注重学生的独立精神的培养，注重学生养成正确的道德观点和健全的人格，保障学生进入社会后具有道德反思、独立人格的能力。

目前我国大学的课程选修还处于探索阶段，很多的研究还是处于表面阶段。我国大学选修课的数量多达400种，只是模仿了美国特别是哈佛大学文理学院的形式，并没有注重选修课程的社会和个人价值，选修课程无论在师生还是教育管理者观念中都没有重视起来。美国和日本课程选修已经经过多年的发展，对课程选修的理念全面而深入，选修课程的目标更加明确。

我国目前的大学选修课程的意义，只是让某一专业的学生可以学习到其他专业方向的基础课程，满足学生个人的兴趣，扩展自己的知识面。而美国、日本设置选修课程，是为了强调学生的文理结合，以及学生的专业能力的培养，更加注重自我学习教育。

2. 中外大学选修课程内容比较

下面从3个方面对这6所大学的选修课程进行对比分析。

第一，不同大学之间选修课程的门数分析。

表2-12　各大学选修课程门数分析

大学名称	自由选修课门数	限制性选修课门数	毕业课程门数	选修课占毕业课程门数的比率
哈佛大学	10	15	32	78.13%
麻省理工学院	4	27	45	68.89%
东京大学	20	15	62	56.45%
广岛大学	14	30	55	80%
北京大学	16	8	53	45.28%
清华大学	10	10	46	43.78%

从表2-12可以看出，美国与日本的大学，在选修课程门数上与我国大学的选修课程大体上是相当的，但是其他方面存在差异。

美国哈佛大学和麻省理工学院的选修课程，要求选修门数虽然少，但是，有的科目连续学习一两个学期，足见选修课程的综合性与研究的深刻性。学生可以在与哈佛大学和麻省理工学院学分互通的大学选择自己感兴趣的科目，学生可以在刚开课的时间任意听某门选修课，一般在第五周之前确定自己有意向的课程。哈佛大学选修课中的核心课程，也可以侧面帮助学生完善相关专业方向的知识体系。所以哈佛大学在学生的全面发展还是个性发展的问题中，倾向于学生的全面发展方面。东京大学和广岛大学则是设立了教养部全面处理课程选修的事宜，要求新入学的学生在一年级和二年级时，必须在教养部进行学习，而后再具体划分相关专业。在低年级接受的选修课程主要是综合科目，目的是为了让学生全面了解相关文化的多元性、学科知识的宽泛性、不同专业方向的学科之间的内在联系，以及更多地注重学生对知识的全面理解和实际应用上，并考虑学生的自我兴趣和个性发展、社会的发展需求或者国家的意愿上。我国大学选修课程开设门数较多，学生可以从与北京大学和清华大学相互联系的大学任选课中选择自己感兴趣的课程，但是，选修课学校统一管理，然后，下放给每个学院开设相关课程，课程综合性缺乏。

第二，选修课程学分与毕业总学分比重比较，见表2–13。

表2–13　选修课程学分与毕业总学分比重

大学名称	自由选修课学分	限制性选修课学分	毕业总学分	自由选修比率	限制性比率	选修占总学分比率
哈佛大学	30	60	126	23.81%	47.62%	71.43%
麻省理工学院	48	252	360	13.33%	70%	83.33%
东京大学	26	48	140	18.57%	34.29%	52.86%
广岛大学	26	80	128	20.31%	62.50%	82.81%
北京大学	16	40	140	14.29%	28.57%	40%
清华大学	20	46	170	11.76%	27.06%	38.82%

选修课程学分与学校开设的总课程学分的比重，可以直接反映大学对选修课程的重视程度。从表2–13可以看出，美国哈佛大学自由选修课的学分比例占总学分比例比其他学校略高，并不是说美国对学生的自由选修课不加限制。美国有成熟的导师制度，在选课前，学生可以从导师那里得到选课的指导，很多选修课是在核心选修课之中选修，保障了选课的集中性。北京大学与日本东京大学自由选修课程的学分相差不大，都允许校外选修。我国大学限制选修课程的学分比例较小，同时专业选修课提供的可选择的科目也较少，但是，专业必修课高达59分，说明我国现行的选修课程制度有待改善。哈佛大学和麻省理工学院的限制性选修课程达50%，限制性选修课程开设科目较多，选修范围广泛，而我国大学的学生在专业课程方面选择性很小，限制性选修课程的建设与国际一流大学还有很大的差距。

第三，3个国家的6所高校的选修课程的体系比较，见表2–14。

表2-14　各所大学选修课程体系比较

类别	中国大学	国外大学
课程内容设置思路	学科知识设计为主	知识与能力并重，全面设计
教学形式	课堂讲授（80%）、学术报告、实验课程	课堂讲授、讨论课程、个别指导课程、小组研讨课程、实验课程
课程广度	选修课程注重专业特色	按照选修课程目标进行设计，注重综合性和跨学科性
课程内容特点	注重学科知识性，注重应用能力的培养	注重学科融合，重视交流能力、自学能力、审美能力和道德批判能力的培养
课程设置机构	校务统一管理，各个学院申报	学校设专门教育委员会统一管理

从表2-14可以看出，我国与国外，20世纪90年代以后都注重课程的不断完善，其中选修课程是历次课程改革的重要组成部分，也是最为复杂的部分。我国大学教育模式深受国家统一部署和苏联专才教育模式影响，采用专业学科的模式进行设计，教学方式主要是教师口授，在课堂上很少体现学生的主体性，并没有像国外那样成立专门的机构，负责大学选修课程的开设与质量监控。从选修课程的价值上看，我国大学选修课程只是学生毕业学分的组成，并没有达到选修课程的目标。

3.中外大学选修课程管理比较

哈佛大学和麻省理工学院选修课程委员会的主席，一般由文理学院院长就任，每个专业设置分委员会，主要是负责各个专业领域内的具体课程的具体事务。并且选修课程的教学工作是由相关专业方向的优秀教师负责，课程具体授课方式是具有灵活性，选课内容具有宽泛的选择余量。当某一门课程被过多的学生选择，学生选修的总数已经超过了课程规定的上限时，则需要对学生进行随机处理，必须踢出一部分学生，确保课程的教学质量，一般情况下，高年级的学生具有优先选择权利。选修课程的授课方式一般包含了提问和讨论等形式，如果选修课程的人数太多，则是以大课的形式进行教学，但是每周还是有2个小时的小组讨论时间，此过程一般是助教完成。

东京大学和广岛大学，每学期中，前半学期所有的学生被集中进行选修课程的学习，后半学期才能进入各个专业领域进行专业方向学习。学校要求每一位选修课程的任课教师，将自己的课程的教学方案和教学内容，在每学期第一周之前在校园内部网站上进行公布，让学生可以提前进行参考和接受相关辅导员的辅导后在进行选择选修的课程。每门选修课程都设置了选修人数的上限，确保教学质量。选修课程的教学方式是多样的，不仅是一般的课程教授，也要组织相关的小班讨论，也有一些课程会安排学生进行相关的实习课程、实验课程、社会实践课程的方式进行，目前以小班讨论的方式越来越受到学生的喜欢。

北京大学和清华大学选修的汇总主要由学校教务处负责，学校教务处对相关专业的选修课程讲授内容没有做出明确的规定，只是对课程的专业领域和学分有要求，所以学生在选修课程是可依据自己的需求进行选择。但是学校一般建议每个学生学期不要选择超过3门的相关课程，避免自身的学习压力过大。选修课程的授课一般采用教师教授方式。

第四节　改革我国大学选修课程

一、我国大学选修课程体系存在的问题及归因分析

1.我国大学选修课程存在的问题

我国大学选修课程在改善高等教育方面发挥了重要作用：首先，使高校的办学理念更具民主化与自由化。其次，改善了本科的课程体系，使课程更加多样化、丰富化和自由性。再次，高校的课程体现现代性和国际化。但是，我国大学选修课程还存在诸多问题，影响着我国高校的培养人才的质量和高校的发展。

我国大学选修课程主要存在以下几个方面的问题：第一，选修课程目标笼统，如某著名大学选修制课程目标：“加强学生人文基础教育，打破不同学科方向的壁垒，淡化学科专业过细分类；建立以学生为本、素质教育为基础的选修课程体系；为学生在专业方向提供多学科交叉渗透的教学课程，拓

展学生的视野，丰富学生基础知识，让学生涉猎不同的专业科学领域。”适合我国的任何大学选修科目标，缺乏具体的操作性与实践性。第二，课程内容开设缺乏综合性，虽然，我国某著名大学开设307门通选课和两千多门自由选修课程，但是，每个学院负责开设相关自己专业拓展课程，课程知识综合性不强。第三，选修课程比例和结构设置不合理，我国大学限制性选修课，比例较小，门数开设较少，学生选择的空间不大，和专业必修课差别不大。第四，选修课程的管理和监控不健全，选修课程主要是学生在网上选课，具体的课程开设不好监管。第五，选修课程的咨询、服务工作与导师制度缺乏，我国大学生选课一般是从学长那里了解一些选修课程容易得分的情况，选修课没有体现学生根据自己个性与兴趣去选课。第六，缺乏与选修制相配套的民主与弹性的环境，目前，我国大学选修课学分只有几所著名的大学之间可以互换学分，大部分学校选修课只在本校开设并计算学分。

2. 归因分析

我国大学选修课程存在问题的原因如下：第一，大学选修课程真正发展时间短。美国的大学选修课程经历一百多年不间断的发展与完善，1980年美国哈佛大学选修课程达3 000门（不包括跨校际的选修课程），1992年我国大学选修课程在高等教育中逐步确立开始恢复，很难在几十年的时间达到美国选修制的局面。第二，高校缺乏办学自主权。我国大学的教育经费主要是国家投入，除了北京大学、复旦大学、清华大学等允许自设专业外，主要还是按照国家的办学方针开设课程，课程缺乏灵活性与弹性。第三，对待选修课程观念与理念的陈旧。传统的专业课程设置，影响到师生和社会对选修课程在大学课程中的位置。第四，缺乏与选修课程相匹配的弹性教育管理。欧洲国家任意选修课程虽然较小，但是，1988年—1995年建立的“欧洲学分转换系统”允许学分进行积累和学分互换，我国大学学分互换学校较少，学分互换主要在地理位置比较接近的大学和大学城内，如北京大学、北京师范大学等15所高校的选修课程学分互换。第四，缺乏严密的大学选修课程体系标准。每个学院负责开设与自己专业相关的课程，使大学选修课程缺乏综合性与完整性，选修课的比例较小，即使如北京大学选修课程的比重也只有40%。第五，缺乏选修课咨询与导师制度。我国高等教育进入大众化时期，师生比例1∶15，学生在选课之前很少能从教师那里得到相关指导。

二、改革我国大学选修课程的理论基础

对课程实施实践中不断出现的问题的研究，产生了诸多的课程理论，如人文主义课程理论、建构主义课程理论、进步主义课程理论、要素主义课程理论等，为大学选修课程改革提供了学理基础。

1.人文主义课程理论

人文主义的关注点主要体现在“人”的自身。选修课程首先应该关注的是在探究自然和社会科学中所体现出的人文关怀，突出人性教育在选修课程中的重要地位。选修课的内容，并不是教授某门课程的专门知识，而是基于简单的课程知识，培养人具有正确的感情和理性，培养和发展人类的美好人性。人文主义有两大特点：第一，始终对人的思想自由十分重视。体现在选修课的自由选择方面，学生可以依据自己的爱好和实力从几千门课程中选择，根据自己的能力与弹性学制制定学习进度。第二，每个人在他或她自己的身上都是有价值的（也称为自尊，自尊能激发人的潜能）。选修课程设置的思想体现了尊重学生的个性发展。

2.建构主义课程理论

建构主义理论家认为个体在认知过程中是通过同化、顺应的形式与周围环境互动，并达到一种平衡状态。建构主义强调知识生成过程的动态性，认为知识只是一种解释，一种假设，而不是确定的答案，在具体的问题中，知识需要根据具体的情境进行再创造。教学的作用是在教学活动中调动学生的原有相关知识经验，结合具体情境促进他们新知识经验的“生长”，从而实现知识经验体系的改造和重组。根据建构主义的观点，选修课的设置中，提供促进学生知识的意义建构的课程内容，教师在具体的教学过程中，教师需要充分了解学生的知识和能力，需要根据学生现有的对知识的掌握水平，与在教师的帮助下能达到的水平，与创设提供相应的学习情境，调动学生的积极性，发挥学生在选修课程学习中的主体作用。

3.进步主义课程理论

进步主义的代表人物主要是杜威及其学生，进步主义者否认世界上存在永恒不变的真理和事物，认为课程的设置和课程内容的选择不应该是一成不变的，课程应该是不断变化的，应该以学生个人的生活和经验组织课程，强

调以学生的兴趣为中心，进步主义者认为学生可以根据自己的兴趣和导师的建议，选修课程并制定学习计划，主张自由选修，反对必修。进步主义者有人还认为选修教育旨在培养“自由人”，由学校对选修做出种种规定和限制是一种缺乏民主、自由的方式，本身就与此项教育的目的相悖，因此，主张所有的课程都是自由选修的。

4. 要素主义课程理论

著名的要素主义者，W.C. 巴格莱、贝斯特、H. 莫里逊等，他们认为课程的内容应该是经过精心选择的知识，并且按照学科的体系进行编排的文本。课程的内容由“种族经验”或“文化遗产”的要素组成。他们认为世界上一些经过检验的永恒的真理，要比个人的没有经过检验的经验有价值。人人都应该学习，在人类遗产中有着文化上的各式各样最好的东西，有着一种知识的基本核心，即所谓共同的、不变的文化要素，其中包括各种基本知识、各种技艺及传统的“态度”“理想”等。大学的课程应该把这些文化的精华传递给学生，以此来培养学生的语言能力、判断能力和道德评判能力。20世纪70年代，美国大学选修课程中的核心课程，是一种基于要素主义课程观下的综合传统课程，以保障学生学习的深度为目的而提供选择的课程。

无论是大学，还是课程，在发展过程中，一直都在对纯粹真理的追求和功利趋向之间寻求一个平衡点。美国大学选修课程的变革也可以说是几种思想博弈的过程。选修课程历经两百多年的发展，美国哈佛大学和麻省理工学院的选修课程，成为世界各国综合大学和理工大学效仿的典范，美国哈佛大学在课程选修方面保留了自由选修思想，又有劳威尔集中预分配的课程思想，还有德里克·博克的核心课程思想。我国在大学选修课程设置时，要充分考虑几种课程思想的平衡。

三、改革我国大学选修课程应遵循的基本原则

1. 按需设置原则

美国哈佛大学和麻省理工学院以及日本的东京大学、广岛大学的选修课程的改革的成功实施与推广，其根本是在其课程体制的改革和重组的过程中，基于学生个性发展需求。学分制实施中，课程选修的设计，不仅仅是改革派的职责，更多的是全校师生共同参加的过程，同时，在大学选修课程的

改革过程，选修制课程的开设与设计，是以社会的发展需求为目标，从学校自我发展的环境出发，从学生发展的需求以及学生的实际特点出发。我国大学在选修课程设置上在效仿哈佛大学课程设置时，还要基于高等教育本身长远发展和学生人性、理性、道德等发展需求。

2. 合理分配原则

通过查阅美国哈佛大学、麻省理工学院和日本东京大学、广岛大学的课程设置，每个大学根据自己的办学特点和需求合理设置课程选修的比重。选修课程的门数在总的课程体系中占到比例，哈佛大学最高（81.25%），东京大学最低（56.45%）。选修课程的内部结构比重上，4所大学通识课程选修比重、专业课程选修比重和跨学科课程比重都有合理的分配。我国的北京大学和清华大学在选修课程的内部结构上也做了改善，通识课程选修比重只有20%和34.29%。我国限制性选修课程比重小，且可供选择的门数少。

3. 动态原则

后现代主义主张在课程结构上，实行多元化、弹性化和综合性的课程，选修制的核心内容是选择课程。哈佛大学在课程管理上有淘汰机制，及时淘汰那些内容陈旧的课程，及时吸纳国际热点和科技发展等内容进入选修课程。

4. 开放互选原则

哈佛大学跨类课程允许学生在不同年级、专业、学科甚至学校之间选择，我国北京大学的通选修课程同样实现了同地区大学之间的互选，我国大学实现学校互选的大学比较少，而且，是只有地理位置接近的学校互选。选修课程实现校际和国际互选原则，有利于资源的充分利用，有利于学生自由选择。

5. 自主选择原则

选修课程与专业必修课程的根本区别体现在学生的自主选择上。哈佛大学、麻省理工学院将核心课程和跨专业课程分为几大领域，采用选修的模式，学生从几大领域中各选择一至两门课程，课程开设门类众多，满足学生兴趣爱好，也可以帮助学生进一步学习相关领域的基本知识。东京大学、广岛大学在一二年级不设专业，学校开设基础、综合科目，以便学生了解文化的多元性和知识的广阔性，以及不同领域中知识的联系，培养学生的批判性思维和综合判断能力。我国的武汉大学和复旦大学在大一、大二也试行不设专业，学生在一二年级通过学习，以开放的心态了解每个专业和学科之后，确定自己选择的方向。

四、改革我国大学选修课程结构

1.确立大学课程体系结构中选修课程指数

大学选修课程设置多少是科学的，这就要给出大学选修课程设置数量的下限，换句话说，就是大学选修课程设置数量要等于或大于这个下限。怎样来确定这个下限呢，就用大学选修课程指数。大学选修课程是一个系统，选修课程指数也有一个体系。

大学选修课程指数是指在校学生按照培养计划的学分下限所需选修的课程总数除以学院所有开设的课程数，即：

选修指数=需选修课程总数 / 学院所有开设的课程总数

选修指数反映了选修课程资源的水平、学生选修课程的自由度。当选修指数越低，表明学生可选择的自由度越高，学校选修资源越丰富。

选修专业指数，相关专业应修课程总学分除以相关专业所有选修课程的总学分，即：

选修专业指数=相关专业需选修课程总学分 / 相关专业所有选修课程总学分

选修专业指数，反映学生在本专业内的可供选择的自由情况，选修专业指数越低，说明该专业的教学课程越丰富，学生可以选择的空间越大。

选修不受限指数，不受专业条件限制的可供选修的课程总学分除以可供选择的不受限选修课程总学分，即：

选修不受限指数=不受专业限制课选修课程总学分 / 专业指定需选修的课程总学分

大多数大学的课程可以分为三大部分：不受专业限制的选修课程、相关专业指定需选修的课程、必修专业课程。此参数反映了学生非本专业的选修自由度。

选修实践指数，学生本专业内需选修的实践课程学分与学生按照培养计划的学分下所需选修的课程总学分比值，即：

选修实践指数=本专业需选修课程总学分／本专业课程规定的总学分

选修实践指数反映了学生在校期间需参加实践要求的高低，指数越高，学生参与社会实践的情况越高。以哈佛大学、麻省理工学院、东京大学、京都大学、北京大学和清华大学物理专业为例，选修指数如表2-14所示。

表2-14　美国、日本和中国六所大学选修指数

课程指数／大学	选修指数	选修专业指数	选修不受限指数	选修实践指数
哈佛大学	17.52%	8.63%	1.27%	17.75%
麻省理工学院	15.59%	7.43%	1.31%	18.97%
东京大学	25.71%	12.50%	2.39%	10.01%
京都大学	20.22%	10.31%	2.07%	7.28%
北京大学	44.33%	26.93%	4.5%	4%
清华大学	50%	30.4%	5.3%	4.8%

国外一流大学选修不受限指数的值一般在2.5%，我国高校现有的选修不受限指数远低于国外一流大学的占比。以清华大学物理学专业为例进行说明，其中培养计划中规定的课程如下：物理学学生需完成的课程为62门，其中总学分要求为171学分，专业课程有11门、46学分，基础课程为26学分，文化素质为13学分，自然基础课程为25学分，专业课程为61学分，实践课程为13学分，论文为15学分，科研训练为6个学分，其他任选课程为12学分，清华大学选修不受限指数为5.3%。

表2-15　选修指数的判断阈值

选修指数 等级	选修指数	选修专业指数	选修不受限指数	选修实践指数
优秀	10%~20%	5%~15%	1%~4%	10%~20%
良好	20%~40%	15%~25%	4%~6%	5.5%~10%
合格	40%~65%	25%~40%	6%~7.5%	1%~5.5%
不合格	65%以上	40%以上	7.5%以上	1%以下

我国大学现在的教育，要扩大学生的知识课程，加大专业知识的横向扩展与纵向延伸，需要不断地加强学生的实践能力，从实践中发现问题、解决问题，加深对专业知识的理解，因此需要增加学生的社会实践锻炼，社会实践指数需要增加，特别是理工科类的学生，越是要从实践中发现问题，加深自己对相关知识的理解。

2. 设置合理的选修课程比重

结合美国哈佛大学、麻省理工学院日本的东京、广岛大学与中国的清华、北京大学的选修课程设置，我国的选修课程总的比重应为55%~65%，任意选修课程学分比重应在15%，专业限制性选修课程应该30%，通识教育课程中的选修课程占毕业总学分的应为28%。

五、改革我国大学各类选修课设置

1. 设置通识课程中的选修课程门数

我国大学的选修课程门数设置与美国、日本的相当，但是，通识教育课程中必修课程门数比重也较大。所以，在我国大学的选修课程设置中，自由选修课程总的门数比重几乎可以保持不变，但通识课程中的选修的门数需要做出较大的调整。通识教育课程仍然分为通识教育必修课程和通识教育选修课程，弱化必修课程学分，将其比重降到30%左右，增大选修课门数，通识教育选修课程门数应占到通识教育课程总门数的70%左右，以发挥学生学习的主体性和主动性。通识教育选修课程拟分为8个领域，分别为历史与文化、哲学与人生、科技与社会、艺术与审美、法学经济与管理、中外文学与语言、生物与生命、当代热点问题研究。具体的课程设置见表2–16。

表2–16　通识教育课程中选修课程门数

类别	目标	内容	门数
历史与文化	通过对历史、文化的学习，让学生理解历史与文化的发展脉络，理解传统文化中的人文精神，认识东、西方文化特点，对跨文化现象带来的差异能够理解和认同，具有跨文化思考能力	中国文学导论、中国文化及其哲学、中国哲学主流思想、中国思想史、中国文化与教育、儒学与中国文化、道教与中国文化、佛教与中国文化、古希腊文化、西方的理性与信仰、西方哲学史、文艺复兴与欧洲文明、西方历史之传统与变革、西方民主政治、美国文化、西方法治思想等课程	1~2
哲学与人生	让学生了解哲学的基本发展情况，能认真思考人生的问题	《周易》、哲学思想史、哲学概论、中西哲学思想之异同、幸福与人生等课程	1~2
科技与社会	让学生理解基本的科学概念、理论和方法。通过学习概率与统计、新型材料、空间时间、能源问题等基本和热点问题，让学生能够解释和评估科技对社会发展等争议问题	数理分析与统计、海洋探秘、奇妙的水、宇宙、时间、相对论与量子力学、技术与社会导论、气候能源挑战、演绎逻辑、生活中的统计学等课程	1~2
艺术与审美	通过对音乐、美术、雕塑等艺术品的鉴赏，让学生有审美能力，感悟美，发现美，欣赏美，创造美，并提升学生在生活中的品味	雕塑、中国山水画、西方油画、古典音乐、围棋、书法、陶瓷鉴赏、电影鉴赏、建筑艺术等课程	1
法学经济与管理	通过学习法学、经济和管理的知识，让学生了解正义、权利、民主、自由、东西方经济、管理等概念和思想，在生活中有独立的精神和思考能力，在情境中保持自己冷静的批判能力。	正义、民主社会的权利、自由、个人与社会、法律与社会生活、日常生活中的经济学、社会管理学等课程	1~2

续表

类别	目标	内容	门数
中外文学与语言	通过对中外文学的学习，抽象出人性的共同因素，发展学生潜在的理性，理解世界中的真理让学生能够了解各种语言文化，并运用各种语言进行阅读、交流、写作的能力	《理想国》《神曲》《浮士德》《梦之解析》《国富论》《论语》《道德经》《物理学》《红楼梦》等课程	1
生物与生命	了解生物和生命课程的基本概念和理念，并能够掌握相关的生物科学的思考方法和技能，能够解释和评估日常生活中的生物现象以及生命、伦理道德等有争议的问题。	营养学、生理学、医学的进化、生命化学、人体组织、人类对海洋生物的影响、生物演化、生态学、人生哲学、医学伦理、老龄化问题等课程	1
当代热点问题研究	了解当今世界的基本格局，能够分析造成地域间冲突、饥饿、宗教问题等多方面原因，尊重不同文化下的价值观和习俗的差异	宗教与社会变迁、亚洲和世界体系中的日本、传统和转型中的中国、国际新秩序中的亚洲、21世纪东亚的不平等、欧洲联盟导论、中东问题、和平研究、美国的社会等课程	1

2.设置限制性选修课程门数

虽然，我国大学的选修课程的门数占总毕业课程的40%左右，但与美国的选修课程相差约20%，其中我国的限制性选修的课程21.74%与美国限制性选修相差近30%，并且限制性选修并非严格意义上的选修课程，专业选择性选修门数应增加30%。以物理专业限制性选修课为例：

表2-17　物理专业限制性选修课程门数设置

课程类别		内容	选修门数	开设与选修比重
数理基础课程	科学课程	高等数学、物理、信息类、生物等相关专业课程	6	10%
	实验课程	理科、工科、医科、经济学科、管理学科、人文学科等实验课程	1~2	2.5%~5%
	科学技术	数学、物理、化学、生物、生态、环境、地质、结构、材料、能源、计算机等课程	2	4.65%
	数学课程	高等微积分（1）、高等微积分（2）、数学分析（1）、数学分析（2）、数学分析（3）、高等代数与几何（1）、高等代数与几何（2）等课程	1	8.33%
物理专业课程（限选）		费曼物理学、近代物理学、广义相对论、物理学科前沿专题、天体物理、交叉学科前沿、量子力学、声学实验、激光与近代光学、电动力学、核物理与粒子物理、亚原子物理实验方法、核物理实验、天体物理、宇宙学等课程	3	3.95%

六、改革我国大学选修课学分制

实现大学课程在年级、专业、学科间和院校国家间的选修，这体现了选修制不仅仅是课程选修，它有丰富的内容，也体现与国外大学选修课程以及学分与国际的接轨。

1. 院校间和国家间的选修

（1）国家间的选修

自20世纪50年代，欧洲对学位和学分互认作了种种探索，经过半个世纪的发展，世界上出现了6个地区间的关于地区之间的高等教育学历、学位和学分的公约。1990年，欧洲加入《欧洲地区国家承认高等教育学历与学位的地区公约》的一些国家的高等教育委员会，发表互相承认学分，建立协同的大学课程框架。1995年，英国在高等教育推行了欧盟的学分制。截至

2012年，我国已经与43个国家和地区签订学位和学分互认的协议，为了充分利用国外的有效资源，加强各国高等教育选修课程的交流，我国应建立制度化、规范化和国家化的大学选修课程质量标准，提高大学选修课程的质量，推进与国际的选修课程学分的互认制度。有些选修课程国内大学没有，或者外国大学更成熟完善，应允许学生到外国大学修习，并建立学分互认制。

（2）院校间的选修

中国大学实现院校间选修的，只有在经济和大学都发展较好的、地理位置相邻的大学或者大学城内。课程可共享、互选，实现学分互认也只有北京的15所大学，由于师资、经费和设备等的原因，有些选修课程根据培养计划应该开设，但是，院校开设不出或者提供不出足够的选修课程，应允许到其他院校修习，学分互相认可。

为了推进我国大学选修课程在各学校之间的选修，应该设置独立于政府和任何一所大学的选修课程评估中介机构，中介机构根据选修课程的难易度折算，推动各院校间选修课程学分和学历互认的步伐，从而使学生能方便地从一所院校转到另一所院校，在校外大学获得的学分也能够被本校完全认可。

2.年级、专业和学科间的选修

（1）选修制在年级间的选修

我国91%的大学的选修课程，是严格按照学校的学年规定进行开设的，把选修课程集中在大二和大三进行选修，只有不到10%的高校（北京大学、清华大学、浙江大学等），允许低年级的学生选修高年级的课程，本科生选修研究生的课程。

（2）专业间的选修

“主辅修制是指要求或允许学生选择某一门领域（专业）为主修，另一或者几门领域（专业）辅修的教学制度。副修是由学生自主选择而非统一要求的修课形式，一般由学校或院(系)指定某些专业供学生选择。学生可以根据自己的能力、爱好和特长选择一个或两个专业作为自己的副修专业。”[①]哈佛大学在1986年选修课程改革时，就施行了主辅修制度，国内一些有条件

① 翁波.学分制下大学生自主学习研究[D].长沙：湖南农业大学，2006:53.

的大学，也允许学生在主修专业外，选一个辅修专业。

（3）学科间的选修

跨学科间的选修，如北京大学的跨学科间的选修，主要体现在任意选修课、人文素质课程和大类课程中（主要是文、理科限选文、理科基础课程），跨学科间的选修课程学分比重24.29%，美国哈佛大学除必修的专业课程外，跨学科间选修学分比重高达49%。我国90%的大学跨学科间的选修，仅仅体现在任意选修课中。

第三章 大学课程国际化发展研究与改革

高等教育国际化的思潮形成于二战期间，至20世纪80年代已经成为各国普遍关注的焦点。大学课程作为高等教育实施的基本载体，是高等教育的核心和灵魂。大学的革新如果远离了课程改革，就容易使各项发展仅仅停留在物质建设的层面，造成发展目标的落空。因此，推行大学课程国际化，构建高质量的大学国际化课程体系，是推进高等教育国际化的关键环节。

第一节 大学课程国际化问题研究缘起

当今世界，全球化进程不断推进并深入发展，国际的交往日益密切，并逐步呈现出一体化趋势。国家间的地域界限被打破，任何一个国家无论发达与否，都不可能完全脱离与其他地区的交流而获得独立的发展。面对社会大背景的改变，培养具有全球视野的国际型人才成为时代发展的需要，大学的国际化成为必然趋势。大学课程是高等教育的实施载体，不断推进大学课程的国际化发展，建设高质量的国际化课程体系是实现高等教育国际化的核心要义。

一、全球化要求培养国际型人才

新时代背景下，各国间的交流日益频繁，世界逐渐联结为一个整体，成为“地球村”。为适应时代发展要求，我国于2001年加入世界贸易组织，更大程度地扩大和加深了同世界各地区的交流与合作。

面对社会发展背景的转变，要想在全球化的国际竞争中获得优势地位，就必须加快培养具有国际化视野，了解国际经济、政治、文化发展态势，拥有国际先进知识理论与技能的优秀人才，以促进我国经济和社会的不断发展。调查统计资料显示，虽然我国拥有巨大的人力资源总量，但是其中的高层次人才仅占5.5%左右，且这些高层次人才中具有国际化素质与能力的人才更为稀少。大学作为培养未来优秀人才的主阵地，在顺应时代潮流的基础上，适时地对其课程体系进行调整，积极推进国际化课程体系的建设，为国际型人才的培养打造良好的平台是全球化背景下促进我国社会发展的必然选择。

二、高等教育国际化的要求

高等教育的国际化是全球化背景下的必然选择。各国教育部门及高等教育院校自身纷纷制定相关政策并积极进行国际化的调整和转变，通过引进和增加国际化课程、加强与国外高校的交流与合作、培养具有国际化素养的优秀教师队伍等多种方式不断增进自身与世界的互动和联系，提升自身的国际竞争力。为了迎接挑战，党中央和国务院也做出了“在我国重点建设若干所具有世界先进水平的一流大学”的战略决策。

大学课程是高等教育的核心，课程的实施是教育传递的最基本、最主要的实现途径。大学的发展要想取得突破就必须进行课程的改革。从世界各国的发展经验来看，越来越多的大学把国际化课程体系的建设作为推进高等教育国际化的核心和关键。课程的国际化成为各国提高高等教育质量、缩小与发达国家同类专业教育差距、实现高等教育国际化的主要手段之一。因此，大学课程体系的国际化建设是当前我国推进高等教育国际化的战略性选择，也是实现大学发展的迫切需要。在推动大学发展的过程中我们必须紧跟时代趋势，将大学国际化的目标落实到具体的课程建设当中来。

三、大学课程国际化发展的要求

大学国际化课程的发展和完善不仅直接影响着我国高等教育国际化的发展水平，还关乎着国家的经济发展和社会进步，是增进我国高等教育国际竞争力、提高国家综合国力的关键因素之一。虽然目前各地区教育部门及高校自身已经逐渐认识到国际化课程发展的重要性，并在实践中就课程目标的制定、课程内容的更新、双语教学的实施、师资素养的提升等方面进行了一定的探索，然而，整体来看，各方面的建设和发展还存在着诸多的问题，主要表现在国际化目标不明确、国际化课程内容质量悬置、师资队伍国际化素养欠缺、国际合作与交流机制有待完善等。

第二节　大学课程国际化的发展

比较教育研究能够通过对世界教育发展的研究，为本国本地的教育决策提供咨询服务。对国外大学国际化课程体系建设状况的分析，对于总结国际发展经验、认清大学国际化课程的发展方向、指导我国未来大学国际化课程体系的建设来说意义重大。

一、世界知名大学课程国际化的探索

世界知名大学课程国际化的进程始于20世纪50年代，80年代前后已经开始盛行并逐步走向成熟。美国、英国、加拿大等国家的国际化课程建设已经形成了相对完善的体系，在课程政策制定、课程目标建设、课程内容设置、课程实施模式探索等多方面都获得了有效的发展，对我国未来大学国际化课程体系的构建具有重要的指导和借鉴意义。

1.讨论课程国际化政策

美国在1958年出台了《国防教育法》，该法案在第3条和第4条中分别就加强对科学、数学和现代外语教学的资助以及设立奖学金以支持外语教育等事项做出了明确规定。1966年美国通过《国际教育法》，该法在第6条中明确指出："除进行现代外语教学外，还要开展历史学、政治学、语言学、经济学、社会学、地质学和人类学等必要学科的教学，以便使学生全面了解使用此种语言的地区和国家。"①这一法案的颁布为课程国际化的发展提供了法律保障。1968年颁布的《双语教育法案》，强调了双语教学的重要性，对美国各大学双语教学数量和质量方面的提升提出了要求。20世纪90年代初美国制定的《2000年目标：美国教育法》中，明确指出要将全球化的观念渗透到课程的各个领域，使学生能够在开放性的高等教育系统中受到全球化思想与意识的熏陶。2006年美国总统布什启动了《国家安全语言计划》，该计划要求调动4个联邦机构的资源，扩展外语学习项目，以增加精通外语（包括阿拉伯语、汉语、印地语、波斯语及其他语种）的美国公民人数。

① 宋晓洁.美国高等教育政策影响下的大学课程设置[D].长沙:湖南师范大学,2007:33-34.

20世纪80年代，英国签署加入《欧洲地区国家承认高等教育学历与学位的地区公约》，对实现英国大学同欧洲各国大学间文凭的互认起到了重要的作用。同时在1995年，英国开始推行欧盟的《学分转换制》，为本国大学同境外大学间的学分转换提供了保障，解决了学生在欧盟体系内的转校问题，大大推动了欧洲国家大学课程国际化的发展步伐。21世纪初期，英国教育委员会针对本国高等教育的发展率先提出了《伊拉斯谟项目》，该项目突破了原有的仅仅欧盟内部的合作交流，而将更多的合作转移到第三世界国家，包括自然科学、现代汉语以及法律等方面的本科生项目陆续得以实施，有效增进了同第三世界国家彼此的了解、促进了彼此的国际化知识和信息的交流，为英国乃至欧盟未来课程国际化的发展开拓了更为广阔的空间。2009年，英国政府发表《绿皮书》，提出要加强英国大学同世界其他高校间包括课程、教学、管理等各个方面的联系，始终保持高等教育的发展处于世界先进水平。

2.探讨课程国际化目标

课程既是教育理论付诸实践的途径，也是学校教育的核心，其中课程目标又是指导整个课程编制过程的最为关键的准则。2006年，美国教育理事会的一项调查显示，到2005年为止已有80%以上的研究型大学在课程目标中提出国际化的要求。美国各大学不仅明确将课程的国际化列入学校课程发展的总目标中，还在具体课程的培养目标中将了解本学科的国际化发展，以及拥有在全球化背景下处理相应领域问题的能力提出具体要求。如，从课程总目标的角度来讲，进入21世纪后，耶鲁大学在其总体目标中明确指出了要“培养学生为相互依赖性不断增强的世界提供领导和服务的能力”；就具体的课程目标而言，斯坦福大学将环境工程专业的课程目标与期望成果确定为：①掌握工程学、微分方程运算、概率与统计、物理及化学科理论知识及应用能力；②具备设计与操作专业实验的技能及对数据的分析解释能力；……⑧接受广泛的教育以理解全球化及社会背景下工程解决方案的影响力；⑨意识到终身学习的必要性并拥有付诸行动的能力；⑩了解当代热点问题；等等。

英国大学国际化课程的目标，除了为学生未来的学习和深造提供均等的机会以外，另一目的是培养出在日益全球化的背景下，能够从事文化沟通和工作的毕业生。这些毕业生必须能够适应一个陌生的文化背景，并能够在多样化的社会和文化环境中进行有效操作，而且能在国内和国际环境中高效而敏锐地开展工作。他们必须具备在国际和跨文化背景下进行操作的技能，见表3-1。

表3-1　国际化课程培养下的毕业生素质目标

毕业生素质指标	毕业生应该展现出的素质和能力
关注差异的能力	有意识地运用全球化和包容性的思维方式，能够从多角度及世界的视角对事件进行思考
国际化视野	了解当地的决策和行动对国际环境和区域的影响，以及国际决策和行动对当地发展环境和团体的影响
自知力	认识并了解到与其他文化传统及观点相比，自己的文化传统及观点是什么
对国际专业领域的了解度	领会他/她所在领域的本土研究同其他地方的相应专业传统的关系；领会并能够将国际标准和操作运用到自己所在的学科或专业领域
对差异的尊重度	领会多元文化以及多元文化意识对于世界公民培养的重要性；在语言及文化领域接受并珍视多样性
对差异的理解度	理解不同世界观的基本信条；能够从其他的构想中领会世界；领会复杂的、相互作用的因素对文化观念和文化关系的贡献；能够识别与专业相关的跨文化议题

3.设计课程国际化比重

课程比重直接反映了特定课程类型在整个课程体系中的地位和影响力，是衡量一个国家课程国际化发展水平的重要指标。因此，各国在推动本国大学课程国际化发展的进程中纷纷提高了国际化课程在整个课程体系中的比重。丹麦大学的国际化课程比重已达到30%，英国大学国际化课程的比重已接近40%，而美国知名大学的课程国际化平均比重更是达到了50%，其中哈佛大学针对本科生所开设的课程中，课程国际化比重在55%以上，哥伦比亚大学的本科课程中国际化课程比重在53%左右，而耶鲁大学和芝加哥大学的课程国际化比重达到或接近50%，具体情况见表3–2。

表3–2 美国各大学国际化课程设置的比重

大学名称	国际化课程的门数	国际化课程的比重
哈佛大学	1 300	55%
哥伦比亚大学	1 300	53%
耶鲁大学	1 500	50%
芝加哥大学	1 270	49%

4. 区分课程国际化类型

20世纪80年代后期以来，包括第三世界研究、国际经贸、全球问题研究等方面的课程在美国大学日益受到重视。在吸收世界先进理念及融合本国文化的基础上，目前，国外大学的国际化课程已经形成了相对成熟的体系，以美国大学国际化课程为例，其课程主要包括以下类型：

（1）全球教育课程

全球教育类课程主要关注当今时代背景下的全球性问题，内容涵盖人权维护、宗教信仰、环境保护、社会公平、疾病防御等主题。这些课程主要培养学生的国际化胸襟和视野，关注全球性问题的能力，主要课程包括经济全球化下的协作、健康与人权、全球癌症流行病学、HIV干预、营养与全球健康、水污染研究、人口老龄化下的卫生政策问题、全球化管理、贫穷、人权与发展等。

（2）国际主题课程

国际主题类课程主要涉及的是世界政治、经济一体化背景下，与国际合作与交流直接相关的各领域知识的课程，包括国际交往与合作中的政治、经济规律及各项法律规范和人权维护问题。课程设置包括商业，政府与国际经济、儿童，青年和国际人权、国际刑法、国际金融、国际税务、国际人权、健康，人权与国际化体系、国际贸易法、国际经济学、国际经济与法律，国际商务等。

（3）国际案例课程

国际案例课程是指在已有课程中引入国际性案例。这种方式通常被称为“注入式”，即在保持原有的课程名称及主体内容不变的基础上，将国际方面有关该领域的新发展和前沿动态增加到课程中来，关注国外相关国家和地区在该领域发展的成功模式和案例。主要课程包括医疗保健组织的监控、审判机构比较研究、人权前沿：国际视野下的残疾者权利比较研究、促进权力的实现：加纳计划、全球化背景下犯罪行为和刑事审判改革研讨、比较性视角下教育政策的分析和研究、跨国与跨文化视角下的教育成果等。

（4）区域研究课程

专门的区域研究是深化对一个地区包括政治、经济、文化、地理环境在内的全方位了解的有效途径。美国的大多数大学在国际区域研究方面都有丰富的探索。主要课程包括医疗卫生体系改革——中国实地考察、当代南亚、拉美的心理健康等。

（5）外国语言课程

外语学习的强化是美国大学国际化课程体系建设的重要组成部分。在美国国际教育委员会关于高等教育发展的原则中，第一条便规定高校毕业生至少应掌握一门外国语言。目前，诸如哈佛大学、耶鲁大学、斯坦福大学这些国际化发展突出的高校其外语课程更是涉及世界大多数的国家和地区的语言，具体情况见表3–3。

表3–3　美国国际化突出发展类大学外语课程设置情况

大学名称	所设外语课程	语种数量
哈佛大学	汉语、日语、韩语、蒙古语、维吾尔语、越南语、爱尔兰语、苏格兰盖立语、威尔士语、德语、阿卡德语、阿拉伯语等	73种
耶鲁大学	南非荷兰语、阿尔巴尼亚语、阿姆哈拉语、阿拉伯语、埃及语、亚美尼亚语、巴斯克语、孟加拉语、保加利亚语、丁卡语等	63种
斯坦福大学	粤语、加泰罗尼亚语、豪萨语、希伯来语、印地语、匈牙利语、伊博语、韩语、现代希腊语、波斯语、波兰语、葡萄牙语等	40种

（6）网络开放课程

随着互联网信息技术的日益普及，网络所具有的开放、多元、快捷、及时、交互、延伸、隐匿等优势，极大地改变了人们学习、工作和生活，深刻地影响着人们的生存方式、活动方式和思维方式。美国大学在国际化课程体系建设的道路上也紧跟时代步伐，积极进行国际化的网络课程建设，并逐步实现课程资源的世界共享。以目前哈佛大学、耶鲁大学和麻省理工学院的网络公开课为例，其典型的国际化网络开放课程见表3–4。

表3–4　美国大学典型的国际化网络开放课程

学院名称	典型课程
哈佛大学	促进全球健康：关注质量与安全；公正：该如何做是好；中国：传统与变革；全球健康案例研究：基于生物社会学的角度；健康与社会；古希腊英雄；人类健康与环境转变；审视日本：西化、保守化与现代化等
耶鲁大学	非裔美籍人历史研究：从废除黑奴制度至今；古希腊历史研究；大气、海洋与环境变化；欧洲文明：1648—1945；西方国家的流行病研究；罗马式建筑；全球人口增长问题研究；死亡论等
麻省理工学院	全球气候变化：经济、科学与政策；核技术管理；全球淡水危机；非洲信息与交流技术研究；微型机械学和分子医学的全球性规划；人权理论与实践研究；中东的政治及冲突研讨；东亚国际关系；国际女性之声等

（7）国际项目课程

国际项目课程的建设也是美国哈佛大学促进国际化课程发展的一种重要形式。它们积极通过与国外知名大学合作创办国际化的优秀校园课程与网络课程，在增强国际化课程质量的同时不断拓展自身课程国际化的发展广度。以哈佛大学与中国的国际合作项目课程为例，2001年1月和6月，哈佛大学商学院与清华大学经管学院联手推出了两期为期一周的高层经理培训项目——“网络时代的管理”和“全球化时代的竞争”，参与的学员中不乏中国知名企业高层领导。

此外，还有为提升本国学生国际化素养而同国外高校合作开设的海外学位课程和国际联合课程以及为加强世界各国留学生对本国优秀科技及文化传统的了解而提供的本土课程等。

5.培养课程国际化师资队伍

教师队伍的国际化建设历来是国外各高校关注的重点。概括来讲，其建设路径包括两个维度：

一是引进外籍教师，优化教师结构。优秀外籍教师的引进，是促进课程国际化的最为直接有效的途径。长久以来，哈佛大学始终秉持着从全球范围内聘请一流名师的传承，“为了保证招聘到最好的学者，哈佛还有一批专门考察学术明星的‘星探’，专门调查了解各学术领域的最新发展和主导人物，千方百计地引入哈佛”。耶鲁大学也是优化教师结构的典范。自2003年以来，其外籍教师的比例一直保持在50%以上，来源涵盖90多个国家和地区。到2007年为止，英国大学已经有27%以上教员来自海外。在过去几年里，英国共招聘了近1万名国外教师，伦敦教育当局至少派出5家招聘组织在南半球招聘教师。其高度国际化的教师结构对于双语教学的开展及整体教师队伍全球化视野的开拓具有重要意义。

二是通过教师发展计划，提升本校教师的国际化素养。为了适应课程国际化的发展需要，国际大多数院校的国际化管理机构也积极致力于教师发展计划的制定，为本校教师提供外语能力培训、出国深造、参加国际研讨会等机会，以达到促进本校教师不断开拓国际化视野、把握前沿学术知识，增进教学能力的目的。目前，美国、英国、加拿大等国家的多数大学，参与国际化发展计划的教师已达到55%。以加拿大西安大略大学为例，该校为提升本土教师的国际化素养，从教师发展项目入手，通过为教师提供出国学习机会、带学生游学、参与交换项目等方式，推进教师队伍的国际化。目前该学院已将2/3以上的教师纳入国际培训和学习计划之内，并与法国、西班牙、比利时、墨西哥、澳大利亚等国家的高校建立了长期的联盟关系，为本校教师国际化发展搭建了广阔的平台。

6.变革课程国际化实施方式

如何在教育教学中有效地实施国际化课程是备受国际各高校关注的问题，因此，创建有利于学生国际化知识和能力提高的课程实施模式将是各国大学探索和研究的关键性课题之一。就目前来讲，英国的国际化课程实施模式已经形成了语言及主导文化培训、文化多元主义教育、多元文化教育等5种课程实施模式，具有较强的国际代表性，具体情况参见表3-5 。

表3-5 英国大学国际化课程实施的模式

实施模式	操作说明
语言及主导文化培训	学校将会针对个体进行“补救”工作，通常也包括语言培训，以达到迅速与占主导地位的传统文化相适应的目的。以医学研究所的外国学生为例，研究所对他们进行语言、文化及一些科技背景的培训，以使他们能够正常在大学系统中继续自身的学习和研究。在牛津大学，也有许多具有类似功能的私立英语培训学校给学生们提供服务使其更好地适应英国大学的传统。一些学校也试图将这种培训纳入学校的正常课程培养结构中来
文化多元主义教育	大学提供的课程给予所有学生机会去了解不同的文化以及它们的思想和价值观。很多大型的大学为拥护这种模式纷纷建立了诸如亚洲研究中心、非洲研究中心、凯尔特文化研究中心等研究机构，为学生提供丰富多样的跨文化课程。学生通过选修不同的文化教育课程而培养自身的跨文化认知和理解能力，提升自身的文化包容情怀
良性的多元文化分隔/分离发展	为了保护文化的多样性和文化多元主义，学校将不同文化传统的课程（通常与少数群体相关），进行分割或分离性教学，但是同主导传统有平等的被选择机会。其中最著名的是“黑人研究”。因为，通常情况下，这个系统同主导文化之间的竞争会因“少数群体”努力维护自己的身份和价值观而导致冲突。从全球范围内看，这种模型也是最具吸引力的
二元文化教育	所有学生至少在两种传统文化中建构自己的能力：本地主导文化传统和另一个在学生群体中明显呈现的文化传统。这种方法在美国也非常盛行，在那里白人和拉美裔社区之间传统文化的冲突经常困扰着许多州。这一方法，也许从某种程度上来说，有利于各州的发展。二元文化的个体被认为比拥有单一文化个体对于“差异性”更宽容。自然，这种方法在明显有两个群体共存的状态下是最为适宜的，例如罗马/斯拉夫（欧洲），印度教/伊斯兰教（亚洲）
多元文化教育	人类学家了解到文化能力只能通过持续或频繁地同另外一个文化团体进行互动才能够养成，这是达到低层次文化理解的最有效途径。这一方法让不同群体的员工共同工作，在集体参与的情况下分享他们计划。参与者所做的仅仅是建立一个彼此之间中立的工作关系，让其进行互动和合作，产生不同文化和思想之间的碰撞，对各自所持的不同观点和范畴不造成任何伤害

7.开展课程国际化双语教学

1981年，美国教育部针对双语教学实施情况进行了专门的调查，其结果显示，为保证学生外语运用能力的发展，教师在语言教学中母语的使用比例必须控制在25%以下。国外大学历来注重优秀外籍教师的引进及本校教师外语能力的提高，积极推进双语教学。在国际化课程，尤其是区域研究性课程的实施中，注重原版教材的引入并尽力尝试运用当地语言进行教学，使学生更加切实地感受原汁原味的世界，以优化课堂效果，提升学生的国际素养及全球化适应能力，在具体实施中国外大学主要采用模式有以下几种：①“淹没式”双语教学模式。自课程实施起就把学生完全置于目标语的学习环境中进行语言的习得。②“过渡式”双语教学模式。在开始阶段采用熟悉的母语进行教学，之后逐步采用目标语，最终达到完全采用目标语的形式。③“浸入式”双语教学模式。学生有超过1/2的时间置身于目标语环境中，部分科目仍采用母语教学。目标语既是学习的内容，又是学习其他学科的工具。④“双向双语式”教学模式。将彼此的母语互为对方目标语的两组学生安排在同一间教室上课，接受相同的双语教学[①]。

8.搭建课程国际化交流平台

夏威夷大学与北京大学及北京电影学院联合开发的中文普通话学习交流平台为美国学生进行汉语课程的学习提供了良好的条件，有利于美国学者普通话水平的提高及对中国文化的学习和了解。新加坡国立大学及南洋理工大学与麻省理工学院共同成立的“新加坡—麻省理工联合体”，不仅使新加坡学生不出国门就学习到MIT的课程成为可能，还使得“新加坡和MIT的学生就像在同一间教室听课，学生、教授可以同步上课、发问”[②]。学生只要启动课桌前的按钮就能够将镜头和语音传送到麻省理工学院，得到教授的点拨。

①包运城，王湘平.美国双语教学对我国地方本科院校法学双语教学的启示[J].经济与社会发展，2011(3)：137-141.

② 王雁，李智巧.跨国学术合作组织：高等工程教育国际化合作的成功模式[J].中国高教研究，2010(6)：47-50.

二、世界知名大学课程国际化的特点

1.课程国际化发展的法治化

为保障大学课程国际化的有效推进，世界各国相继颁布相关政策和法案，从课程内容的设置、政府教育资金的支持、师资国际化素质的提升、国际学分的互认与交换等各方面做出了一系列规定，将大学课程国际化的发展纳入政策范围之内，为大学课程国际化的顺利发展铺设了道路。美国自推动大学课程国际化发展以来，先后颁布《国防教育法》《双语教育法案》《国家安全语言计划》等5部以上针对大学课程国际化发展的法律文件，分别从资金、国际交流、双语教学、国际化教学管理以及课程内容等方面对大学课程国际化的发展做出了明确的规定；英国教育部颁布的《学分转换制》，以及教育委员会提出的《伊拉斯谟项目》、政府2009年发布的《绿皮书》等文件也分别就欧洲课程国际化合作、国际学分互认及转换、同第三世界各学科领域的交流提出了要求，为本国大学课程的国际化发展提供了政策性的指导。

2.课程国际化目标的明确化

课程目标是课程设置和实施的“方向标”。制定明确的国际化课程目标，是进行国际化课程体系建设的关键一步。长久以来，美国都以培养“具有全球化视野的人才”和“世界公民”为追求，早在90年代初的《2000年目标：美国教育法》中，就强调了应将国际化理念融入课程领域，在高校营造出国际化氛围，使学生感受全球化的熏陶。目前，美国各大学不仅明确将课程的国际化列入学校课程发展的总目标中，还在具体课程的培养目标中对了解本学科的国际化发展，以及拥有在全球化背景下处理相应领域问题的能力提出了具体要求；英国在21世纪初期就从关注差异的能力、国际化视野、自知力、对国际专业领域的了解度、对差异的尊重度、对差异的理解度等6个维度对国际化课程培养下毕业生的素质指标做出了详细的规定；澳大利亚历来重视教育的国际化发展，对大学课程的国际化转变、学生国际化视野和国际交流与协作能力的培养均提出了要求，其中八校联盟更是在参照国家政策的基础上提出了“积极推行以课程国际化为核心的发展战略，建设国际公认的精英大学”的目标。

3. 课程国际化内容的丰富化

在全球化深入发展的今天，拥有全球化视野、国际性知识和技能已经成为时代的要求，各国大学也纷纷顺应潮流，将丰富的国际性内容引入课程体系中来，不断深化自身课程国际化的发展程度。从外语课程的设置方面来看，美国知名大学的外语种类在40~75种，英国大学所开设的语种也有50种以上，澳大利亚、加拿大和德国等国家大学多数高校所设语种达到30种以上，其中既包括传统的以欧洲语言为中心的外语课程，又包括逐步增设的亚洲语系、日耳曼语系、斯拉夫语系、凯尔特语系下的外语课程，涵盖了世界上大多数国家和地区的语言；从课程内容的类型来看，既有关注人权、疾病、环境保护等全球性问题的通识类课程，关注世界不同国家及地区发展的区域研究性课程，又有诸如国际贸易、国际税务、国际刑法等直接关注国际主题的课程以及在原有课程基础上引入国际前沿案例的“注入式”课程；从课程功能的角度看，既有致力于开阔学生国际化视野、增进其前沿性知识积累的理论性课程，又有医疗卫生体系改革——非洲实地考察、巴西实地见习等注重培养学生国际交往和实践能力的实地考察及见习类课程。

4. 课程国际化形式的多样化

国外大学课程国际化的实现形式十分多样，包括对学校原有课程的革新、网络课程的国际共享、远程交流平台的搭建、国际联合课程的开发、教师国际间的学术交流等多个方面。在学校原有课程的更新方面，各国大学高校紧跟时代脉搏，不断探索和引进各学科领域的国际先进理论知识，并注重国际优秀原版教材的引入，时刻保持课程的国际敏感性，努力为学生打造一流的国际化课程；在国际化网络课程共享方面，各国大学不断将自身的精品课程和特色课程通过诸如“全球网络公开课”之类的国际网络推广平台进行国际共享；在远程交流平台搭建方面，各国充分利用现代网络及多媒体技术，搭建多元化远程互动交流平台，逐步实现同国际知名院校之间的交流与互动。此外，同世界知名院校联合开发项目课程、海外学位课程以及增进教师的国际学术互动，以实现不同文化之间的碰撞和交流及彼此学科间的优势互补，也是各国大学实施国际化课程的重要选择形式。

5. 国际化双语课程的普遍化

应大学课程国际化发展的需要，在国际化课程的实施过程中，各国在运用母语进行教学的同时，积极推进双语教学。最近半个多世纪以来，双语教育已成为一些国家教育体制的重要组成部分，新加坡、卢森堡、加拿大和美国等多元语言、多元文化国家的教育更是如此①。其中，美国和加拿大的双语教学已经贯彻到超过半数的国际化课程教学之中，广泛涉及各个学科领域，尤其在区域文化研究、国际主题研讨等人文社科领域，双语教学的实施比例更为突出。同时，各国积极致力于优秀外籍专家教授的引进、本校教师外语能力的提高以及国外优秀原版教材的引入，从课程内容到实施效果全方位促进双语课程质量的提升。

三、世界知名大学课程国际化的发展

1.课程国际化政策趋向具体

教育政策是支撑和推动教育发展的有力杠杆，是各国教育发展的指向标。随着政治、经济一体化、信息全球化时代的深入发展，各国将更加重视教育的国际化发展，关于国际化课程建设的相关政策和规定将越来越具体和完善，为大学国际化课程体系建设的顺利推进营造良好的政策环境。随着国际间合作和交流的日益频繁，世界各国也越来越深刻地意识到培养具有全球化视野、通晓国际性规则、具备国际交往及协作能力的“国际型人才”的重要性。课程作为人才培养的载体，在国际型人才培养的过程中发挥着至关重要的作用，大学国际化课程体系的建设质量将直接关系到国际化人才培养的素质。从美国的《国防教育法》、英国的《欧洲地区国家承认高等教育学历与学位的地区公约》、到之后两国相继出台的诸如《2000年目标：美国教育法》《双语教育法案》《学分互换制》《绿皮书》等各项政策可以看出，各国关于大学国际化课程建设方面的规定从宏观的指导到财政的资助、各学科领域课程内容、课程教学及管理的规定，相关政策的发展呈现出不断细化和完善的趋势。

2.课程国际化设置持续优化

普林斯顿大学前任校长威尔森曾经把课程改革比作“比移动墓地更为困难的事情”，然而，尽管举步维艰，各国大学课程向国际化方向的改革依然

① 黄明.我国高校双语教学与国外双语教学之比较[J].西南交通大学学报(社会科学版),2006(3):49-54.

取得了较大的成效，未来各国大学国际化课程的结构将持续优化，紧跟“全球化”潮流，输送出更多更加优秀的“国际通用人才”。国际化课程是大学课程国际化发展的基本载体和最终落脚点，其内容的设置决定了所培养出的国际化人才的知识结构状况。从各国大学国际化课程的发展历程来看，从注重外语、商贸、法律等直接与国家经济发展相联系的学科，到增设着眼于健康、人权、环境等全球化问题的通识类课程，再到如今关注区域研究、国际前沿理论的引入以及国际联合课程的开发等领域。课程的设置从以经济利益为出发点，到越来越多地关注人才本身全球化视野和胸襟的培养以及国际适应力和竞争力的提升，课程设置的结构持续优化。

3.课程国际化师资建设日臻完善

从师资队伍的建设和发展的角度看，一方面教师的选聘进一步面向国际，积极引进优秀国外专家和教授将成为各国大学的普遍战略。而国外专家的来源也打破当前局限于欧美部分国家和地区的传统，“着眼于全球”将成为新一轮的选择。目前，美国知名院校优秀国外教师的聘用比例已经超过50%，师资来源遍布90多个国家和地区，而英国来自世界各地的国外优秀专家的比例，早在2007年就已经突破了27%，未来各国大学外籍优秀专家和教师的聘用将更加面向世界各地，比例也将进一步提升。另一方面，进一步完善教师出国进修制度，为教师参与国际交流和学习提供有利条件也会是大部分学校的共同选择。首先，政府出台政策并设立大学教师出国留学和进修项目，选拔并资助优秀教师进行出国深造，如美国目前已经设立的《富布莱特学者计划》以及英国的《教师国外研修项目》等。其次，学校将结合国家政策以及自身学科发展和教师素质提升的需要，制定院校的教师出国研修计划，积极鼓励各学科领域的教师到国外高校进行学习，以达到更新教师知识结构和拓展教师国际化视野的目的，目前美国的普林斯顿大学、芝加哥大学，英国的剑桥大学、爱丁堡大学，以及加拿大的滑铁卢大学、澳大利亚的阿德雷德大学等多数国外院校均已设有专门的教师出国研修计划。

4.课程国际化合作机制不断强化

基于对开拓学生国际化视野，构建学生多元化知识结构的考虑，各国大学也将进一步加强同国外知名大学的协作和交流，通过联合培养、暑期培训、项目合作等方式，共同推动彼此国际化课程体系的建设。根据联合培养课程的安排，学生可以通过学校国际管理机构制定的分别针对本科生和研究生的“1+2+1”“2+1+1”“1+1+1”等培养计划，到国外相关合作高校进行学习，在修满规定的学分后可以获取相应的资格证书；暑期培训课程是为满足学生暑假期间的学习需求而设置的课程。目前，耶鲁的培训课程主要集中在自然和人文社科领域。“2011年，耶鲁学院还收到了来自桑坦德银行的赞助，允许来自10个伙伴机构的学生共同选修一门国际经济学课程。”[①]项目合作课程则是根据现实需要，针对特定的群体而开设的培训课程。2001年由哈佛大学商学院与清华大学经管学院共同推出的旨在提高企业高层管理人员国际化素养的“网络时代的管理”和“全球化时代的竞争”课程便是其中较为成功的案例之一。

5.课程国际化互联网利用日益普遍

互联网技术的出现使得教育突破了传统的国界，为知识和信息的传播提供了新的、更加迅速和便捷的途径。积极推进大学网络精品课程的国际化发展，强化远程交流平台建设，并将自己的网络课程免费世界开放将成为未来大学课程国际化发展的一个重要方向。发达国家均十分重视现代化远程教育的发展，美国、德国、英国等多数西方国家的教育部门一直积极致力于远程教育发展战略的推广，催生了不少跨国教育网络的问世。美国哥伦比亚大学教育学院院长莱文认为未来的大学分为3类：一是传统的“围墙大学”；二是虚拟的“点击大学”；三是“围墙大学”与“点击大学”的结合体。其中“虚拟大学”就是跨国界实施教育、全面抢占教育市场的最新尝试之一。从长远来看，网络技术的利用，对于各国大学课程国际化的发展及国际化课程的推广具有强大的促进作用。远程教育将会成为未来各国开拓课程国际化市场的又一重要途径。

第三节　改革我国大学的课程国际化

大学国际化课程体系是在一定教育理念的指导下，将影响大学课程的各要素进行合理安排，使其统一指向国际化人才培养目标的一个系统，它是学校推进大学课程国际化的依托。

---

① 陈律.耶鲁大学以学生为核心的国际化战略——基于耶鲁本科生国际交流项目的探讨[J].世界教育信息,2013(16):21-24.

一、改革我国大学课程国际化体系的理论基础

1.组织变革理论

组织，是由两个或两个以上个体共同组成的，一个相对开放的系统。组织的变革是一个组织成长的需要及外部环境变化对组织发展提出的要求。组织变革就是组织为了适应内外部环境变化，对其组成的各个要素进行调整、改变和创新从而更好地实现组织目标的过程。从组织变革理论出发，现代大学可以看作是一个开放的组织系统，大学要想获得生存和发展，就必须积极对自身的发展做出战略性调整，表现在课程领域就是要使课程的发展向国际化方向转变。世界各国大学课程国际化的实践历程实质上就是各国政府与教育部门从时代发展需要以及大学自身发展需求出发，积极而自觉地对包括大学课程发展政策、课程内容、师资力量等在内的大学国际化课程体系进行调整，以适应时代发展要求的过程。

2.系统理论

系统理论认为系统与要素之间相互影响，系统是由要素组成的，在各要素的共同作用下，系统的整体功能才能得到有效地发挥；要素是处于系统中的要素，只有融入系统之中要素本身才能获得更好的发展。当今时代，全球化潮流势不可挡，国际联系日益密切，大学课程的国际化已经成为高等教育发展的必然选择。宏观来看，各国大学国际化课程体系的建设是世界大学课程国际化发展的组成要素。各国大学国际化课程建设的实践相互作用、相互影响，共同促进世界大学课程国际化的整体推进。作为系统中的要素，各国大学只有积极主动地融入世界大学课程国际化的潮流中，才能更好地获得自身的进步。微观层面上讲，各国大学的国际化课程体系是由课程国际化的政策、课程国际化的目标、国际化课程内容等多个影响因素共同构成的，各部分影响因素只有协调统一起来，共同作用，才能使本国大学的课程国际化得到良好的发展。

3.现代课程编制理论

“现代课程理论之父”泰勒在《课程与教学的基本原理》中，将课程理论归结为4个基本问题，即我们要从事课程编制活动必须回答的几个问题：①课程应努力达到哪些目标？②选取何种教育经验来实现这些目标？③这些

教育经验应该如何有效地组织起来？④如何确定这些目标得以实现？泰勒关于课程编制的4个经典问题，明确地为我们进行大学国际化课程的研究提供了参考方法和程序。我国大学国际化课程的发展应始终以泰勒的现代课程理论为指导，围绕课程编制的4个基本问题进行课程的建设，不仅要树立明确的大学课程国际化目标，还要在此基础上科学地选择国际化课程内容、有效地组织课程实施过程，同时建立起合理的大学国际化课程评价体系，为我国大学课程国际化的顺利推进提供有力的保障。

二、改革我国大学课程国际化体系应遵循的基本原则

大学国际化课程体系构建的基本原则是大学课程在进行国际化建设过程中所要遵循的行为准则，在进行大学国际化课程体系构建的过程中，应始终将经济性与发展性相结合、普遍性与科学性相结合、融合性与独立性相结合这3个基本原则贯穿于始终。

1.经济性与发展性相结合

在促使大学课程向国际化方向发展的诸多因素中，为国家和学校自身带来经济收益是重要因素之一。一方面，大学国际化课程对国际型人才的培养，尤其国际经贸方向人才的培养，可以增强本国未来在国际市场上的竞争力，直接促进本国外贸的发展，为国家带来经济收益。另一方面，大学课程的国际化可以促进本国大学对留学生的吸引，为国家和大学自身创造收益。国际留学生在选择目标院校过程中的一个重要维度便是一个大学的课程结构和课程质量，而大学课程的包容性、开放性、前沿性等更有利于对留学生的吸引，从而为国家和院校自身带来经济收益。基于此，各国大学纷纷致力于开设诸如国际商务、国际税务法、国际经济学等能够促进经济发展的课程以及诸如HIV干预、国际人权、国际互联网协作等能够吸引留学生的开放性课程和双语课程。

然而，大学课程的国际化发展并不能仅仅以经济为导向，它需要在考虑经济性因素的同时兼顾大学课程本身的发展性，从国际化视野和胸襟的培养、优秀民族及区域文化的认知和借鉴、全球性问题意识，甚至“服务世界、建设世界”的世界公民意识的培养等方面全面促进大学课程的健康发展，开设全球化下的协作、欧洲文化发展史、全球变暖：对全球气候预测的理解等课程，为本国大学真正融入世界，融入国际，从而培养出全面具备国

际化素养的富于国际精神和国际能力的精英化人才。

2.普遍性与科学性相结合

大学的国际化是国家之间的一种互动、互利、互惠行为，不是某一国家、某一民族特征泛世界化过程①。在国际间联系日益密切、世界逐步变为"地球村"的背景下，一个国家国际交往和合作的对象及领域越来越广泛，对本国人才国际化知识结构的全面性也提出更高的要求。而且，各民族的优秀文化传统各自蕴含着独特的哲理和文化精髓，都有值得我们思考和借鉴的地方。因此，大学在国际化课程内容的引入和教材的引进方面，要能够广泛吸收国际上各地区、各领域的理论知识，以保证自身的国际化课程知识具备普遍性和包容性，避免对世界某一地区或国际某一知识领域学习的单一化。

同时，大学在进行国际知识和原版教材引进的过程中，应该从本国的国情出发，本着"求真求精"和"为我所用"原则，并对于同一类型的不同对象进行科学的筛选，将优秀的、更适合本土的教材引入本国国际化课程体系中来，并对其加以分析、归纳和整合。国际理论和知识浩如烟海，但并不都是优秀的精华，我们应该在国际化内容引入的过程中，始终保持清醒的头脑，进行有效的甄别和选取，才能保证课程国际化内容的科学性，进而推进我国大学国际化课程的良性发展。

3.融合性与独立性相结合

大学课程的国际化发展要在坚持课程融合性的同时保证课程文化的独立性，维护本民族特色。一方面，当今时代，经济全球化、世界一体化的潮流已经紧密地将世界中的各个国家联系在一起。各国只有积极主动地融入国际中，培养出具有国际竞争力的高素质人才，才能在世界中更好地谋求自身的发展。大学课程作为人才培养的基本载体，要适时将国际先进发展理论、不同国家及区域的经济文化研究、全球性问题等方面的内容融合到自身的课程结构体系中，使得自身的大学课程具备国际融合性。

另一方面，国际影响力及信息化发展的不平衡导致了世界各大学国际化课程内容在整体导向上的不平衡，有关发达国家文化理论及区域研究的相关内容居于"中心"，关于发展中国家的相关研究内容相对而言则被"边缘化"。在大学国际化课程内容的引入过程中，我们必须注意的是，国外文

① 丁玲.中美大学国际化实践及发展趋势研究[D].武汉:华中科技大学,2012.

化，尤其相对处于中心位置的“西方文化”具有较强的文化渗透力，对它的盲目强调和推崇将会助长“文化殖民主义”的进一步蔓延和滋生，进而导致本国学生民族认同感的淡化。用他国的思维来培养我国的学生，用别国的文明来看待我国的实际问题，必将失去我们自己的思维，失去我们自己进行创新的机会。因此，大学在融合和借鉴国际先进文化和理论的同时，应该以理性的态度处理好国际化与民族性的关系，保持自身课程整体的独立性，注意对本民族文化特质和精髓的维护，预防文化殖民现象的滋生，培养具有民族特色的国际型人才。

三、改革我国大学课程国际化的途径

1. 制定大学课程国际化政策

大学国际化课程的建设水平与国家对该领域的支持程度以及相关政策的制定情况密切相关。没有政策法规的指导与规范，课程国际化在实施过程中就会陷入无序状态，成效低下，国际化程度难以提高①。在大学课程的国际化发展过程中，政府应在结合本国实践的基础上，不断完善国家有关大学国际化课程体系建设方面的相关政策，从法律规范的角度为大学课程国际化的发展提供强有力的支撑。因此，我国政府与教育部门应积极完善有关大学课程国际化发展方面的政策规定，从经济支持、课程发展、国际合作等方面出发，制定具体的大学课程国际化发展规范，使大学课程的国际化发展有章可循，有法可依。

2. 建设课程国际化师资队伍

英国著名学者Teekens指出教师是课堂的核心，教师的教学直接决定了国际化课程的实施效果。建设高素质的国际化师资队伍无疑是优化大学国际化课程体系的重要环节之一。纵观国际各大学的发展经验，国际化师资队伍的建设应通过积极聘任优秀海外专家和教授以及派遣本国教师到国外学习两种途径开展。

美国耶鲁大学自2009年以来外籍专家和教授的比重一直保持在50%以上，而英国大学早在2007年，外聘专家的比例已经超过27%，德国有63.9%的英语课程所配备的教师为第一语言是英语的外籍专家。同时，它们也积极

① 李延成.高等教育课程的国际化:理念与实践[J].外国教育研究,2002(7):47-51.

致力于校内教师国际化素质的提高，为学校教师提供充足的海外学习机会，以保障教师国际化知识理论的补充及国际敏感度的提升。我国目前大部分高校优秀海外教师的聘请比例普遍在10%左右，且囿于政府和院校自身资金支持等因素，各大学目前的教师海外进修计划所针对的教师多为该学科领域的优秀骨干教师，多数教师的海外进修和学习上存在困难。基于此，建议我国研究型、综合型大学国际化的海外聘请比例应力争达到30%，教学研究型大学的比例应保证在20%以上，教学型和专业型大学的外籍专家比例应在15%以上。

3.改革课程国际化国际合作机制

目前各国大学国际化课程的建设已经不仅仅局限于对校内课程结构和内容的调整和改进，而是积极在全球范围内寻求高校间的互助与合作。

（1）国际联合课程的建设

国际大学间国际联合课程的形式主要有联合学位课程、暑期培训课程及面向特定社会群体的短期项目课程。国际和地区建立和合作关系，通过安排学生进行海外学位课程学习或与海外大学合作为特定社会群体提供项目课程等形式，各大学之间更是通过建立规范的合作与交流制度，建立规范的大学间文凭、学历及课程学分的互认制度，长期的联合培养与合作关系。

（2）国际网络交流平台的建设

现代网络技术的飞速发展以及多媒体技术的引入、双向即时交流平台的搭建大大提升了国际远程教育运作和发展的空间。大学均十分注重网络开放课程的国际化建设及同国际各大学间远程交流平台的搭建。积极进行网络开放课程的建设并不断提升其课程质量，力争将本校的优秀学科、特色学科通过诸如“全球网络公开课”等国际网络开放课程平台向世界传递，分享我国高等教育的优秀成果的同时提高大学自身的学科课程的影响力。

四、改革我国大学课程国际化体系

1.确立课程国际化的目标

课程目标的国际化是大学课程国际化发展的先决条件。课程目标决定着课程结构和内容的设置，国际化课程目标的制定是保证大学课程国际化有效推进必不可少的一环。我国大学国际化课程的课程目标的制定应在国际化情感态度、国际化知识及国际化能力培养方面进行构建，具体见表3-6。

表3-6　大学国际化课程目标的建构指标

大学国际化课程目标的维度	各维度具体指标
知识的维度	对世界当前面临的各项全球性问题的了解；对世界不同国家和地区语言的掌握；对世界不同国家和区域政治、经济、社会及文化传统的了解；对所在专业的国际前沿理论和热点的把握；对全球化背景下学科未来发展趋势的把握；对国际交往与合作中相关法律和行为规范的掌握
能力的维度	运用全球性思维从多角度看待问题的能力；运用世界不同国家和地区语言进行国际交流和沟通的能力；运用比较性思维对所在学科国内外问题和事件进行剖析的能力；运用所在学科的国际先进理论及方法进行实际操作的能力；运用世界区域知识理论进行跨文化理解的能力；将国际交流的相关理论和法律规范融会并到贯彻实际行动中的能力
情感态度的维度	拥有全球化胸襟和国际视野；拥有尊重差异、包容和珍视文化多样性的情怀；拥有全球化背景下所在学科对世界发展影响力的认识；拥有民主精神和公民意识；拥有改善全球性问题、服务国际社会的志向

2. 设计课程国际化的比重

国际化课程是实现课程国际化的基本载体，它在大学课程结构中的比重直接反映并影响着大学课程国际化发展的程度。因此，各国大学均十分注重国际化课程比重的提高。就各国国际化发展程度较好的大学而言，美国大学的国际化课程比重在50%左右，英国大学的国际化课程比重接近40%，丹麦大学的国际化课程比重超过30%，我国大学的国际化课程比重在25%左右。据此建议我国大学应在课程体系中将国际化课程的比重分配在30%~50%，其中，研究型、多科型、综合型的大学要将国际化课程的比重要力争达到50%，教学研究型的大学要将国际化课程的比重分配在40%以上，教学型和专业型的大学要将国际化课程的比重逐渐达到30%以上。

3.设置课程国际化的类型

从不同的角度而言，国际化课程可以进行多种分类。其中为学者们普遍引用的为世界“经合组织”关于国际化课程的归纳。它将国际化课程归为9种类型：①拥有国际学科性质的课程；②国际比较与借鉴课程；③从事国际职业的课程；④培养学生跨文化沟通能力与外事技能的课程；⑤关于国际区域研究的课程；⑥国际专业资格要求的相关课程；⑦跨国授予的学位课程或双学位课程；⑧由外籍教师讲授的课程；⑨为留学生设计的课程。加拿大大学前3类课程占44.3%，第8类课程占40%；澳大利亚大学前5类课程占79.2%；荷兰大学前3类课程占54.3%，后两类课程占35.6%；奥地利大学前3类课程占50%；法国大学开设的多为第3、5、7类①。我国的研究型、多科型、综合型的大学目前的国际化课程多集中在第1、2、5类课程方面，其他方面的课程相对欠缺。在未来国际化课程的设置过程中，各大学应在其余6类国际化课程的发展方面做出积极努力，体现出我国大学教育国际化的水平。教学研究型、教学型和专业型的大学也要根据各自的特色和条件，选择上述9类国际化课程中的部分类型，积极开展国际化教育。

4.选编课程国际化的内容

国际化课程具体内容的设置是国际化课程体系构建的基础环节，它是推进大学课程国际化发展的载体，也是影响大学国际化课程体系建设成效的关键因素。因此，国际化课程的内容设置问题应该成为大学国际化课程体系构建中关注的重点。参照各国大学国际化课程体系的建设经验，我国国际化课程内容怎样开发，参见表3-7。

① 钱小龙，汪霞.美国大学课程国际化之路[J].高教发展与评估，2012(3)：102-107.

表3–7　我国大学国际化课程的内容

课程领域	典型课程
全球问题研究	经济一体化下的协作；健康与人权；人口变动研究方法；全球流行病学研究；营养与全球健康；环境污染与治理研究；人口老龄化问题；全球化管理；贫穷、饥饿与战争等
国际主题的研究	政府与国际经济；国际刑法；国际金融；国际税务；国际贸易法；国际经济学；国际经济与法律；国际商务等
国际区域研究	中国的医疗卫生体系改革；拉美的心理健康；欧盟宪法；企业管理比较：美国、西欧和亚洲；欧盟宪法；发达国家教育政策干预的影响等
国际案例研究	医疗保健组织的监控；残疾者权利的国际比较研究；全球化背景下犯罪行为研究；教育政策的国际比较分析和研究；跨文化视角下的教育成果等
学科前沿成果研究	辐射防护及保健物理；智能传感在社会生活中的应用；物理学前沿讲座；纳米化学；新能源发电与并网；金融前沿问题研讨课等
外国语言	法语；德语；日语；韩语；俄语；印地语；阿拉伯语；匈牙利语；意大利语；波兰语；葡萄牙语；罗马尼亚语；西班牙语；斯瓦希里语；泰语等

其中，在外语课程开设方面，所开设语言应涵盖多数国家语言、民族语言和一些方言，近期规划语种数量应达到15~20种，远期的规划和目标要开设到50种左右。

五、改革我国大学课程国际化的实施方式

1.三种模式并举的课程实施方式

国际化课程的实施是贯彻课程国际化的过程，而国际化课程的实施方式则是影响国际化课程实施效果的重要因素。结合国际大学国际化课程的实施经验及本国国情，我国大学国际化课程在实施中可采用以下3种模式开展，参见表3–8。

表3-8　我国国际化课程的实施模式

课程实施模式	操作过程与方法
以本土学生为主体的模式	课堂学习主体为全部为本国学生，学生在教师的带领下，对全球性问题、国际区域发展、国际交往理论、学科前沿理论等多元性国际知识和技能进行学习
本土与海外学生互助式的多元文化教育模式	学生来自不同的国家，拥有着不同的文化背景，在课堂里形成了一个小小的“国际环境”。在进行小组讨论时，教师有意识地使小组成员的文化背景各不相同，促使他们相互影响、扬长避短，产生交流、碰撞和渗透，激发创新思维的生成，对学生将来开展国际化交往和工作大有裨益
以海外留学生为主体的模式	学生除接受正常的国际化知识理论及技能的学习外，还需要接受针对群体自身而开设的进行“补救”的课程，通常包括语言培训及基本的本土文化学习，以达到迅速与占主导地位的传统文化相适应的目的

在整个课堂实施过程中，教师要从传统的知识传授者转变为学生建构知识的帮助者、引导者、促进者，成为学生的伙伴和合作者。教师应根据所研究的问题，创设符合国际化课程内容的教学情境，在这种情境中激发学生的学习兴趣，引发并保持学生的学习动机，鼓励学生进行研究、学习和讨论。学生是学习的主体，是国际化知识的主动建构者、学习的自我管理者，在与老师和同学的交流互动中，不断建构起国际化的知识结构，形成处理国际事务的技能，从而提升自身的国际化素养。

2.三种方式并用的双语教学实施方式

要想更好地融入国际社会，就必须具备较高水平的外语应用能力，双语教学的开展是提升学生外语听说及应用能力的有效途径。而英语是当今国际交往中应用最为广泛的语言，对世界各领域的发展都有着深刻地影响，且国际先进理论知识及优秀教材也多数为英语版本。因此，我国大学应以英汉双语教学为突破口，将英汉双语教学模式建设作为当前我国双语教学发展的首要选择，并逐步增加其他语种的双语教学课程。在双语教学中，各大学可参照国际经验，综合运用“淹没式”双语教学、“过渡式”双语教学、“双向双语式”教学等3种方式，为增强大学人才的国际化素养，追赶英语类国家在国际交流和学习中的先天优势，我国双语类课程应达到课程总数的50%以上。

外语教材的开发和引进是促进双语教学的重要因素：一方面，我国应在国际化课程开发的同时重视国外原版教材的引入；另一方面，可以通过与国外出版社合作改编外文教材，这类采用外语教材的双语课程应逐步达到课程总数30%。

六、改革课程国际化体系的评价

建立科学合理的评价标准是有效保障我国大学课程国际化体系建设的关键，没有明确的评价标准，最终只能导致大学国际化课程体系的评价工作无据可依，发展结果无科学性可言。我国大学国际化课程体系的评价应基于大学国际化课程的优化路径、大学国际化课程的内容设置、大学国际化课程的实施途径3个维度进行，具体参见表3-9。

表3-9　我国大学国际化课程的评价标准

一级指标	二级指标	分值 M_i	评价等级 K_i			
			1.0	0.8	0.6	0.4
建设路径（25分）	国际化课程政策	8分	政策完善，各领域的发展规范科学完备	政策具体明确，各领域均有科学的参考规范	政策明确规范，能科学地引领大学课程国际化的发展方向	政策尚不规范、缺乏科学性
	国际化师资	9分	外籍教师比例在30%及以上，教师国际进修机会充裕	外籍教师比例在15%~29%，教师的国际进修机会较多	外籍教师比例在5%~14%，教师的国际进修机会一般	外籍教师比例在5%以下，教师国际进修机会欠缺
	国际合作机制	8分	国际合作范围广泛，国际远程交流体系完善	国际合作范围较广，网络远程交流平台利用充分	国际合作范围单一，国际远程交流平台初步搭建	尚无国际合作项目

续表

一级指标	二级指标	分值 M_i	评价等级 K_i			
			1.0	0.8	0.6	0.4
体系设计（50分）	国际化课程目标	10分	目标科学明确，注重学生知识、技能及情感各方面国际化素养的全面提升	目标清晰明确，重视学生国际化知识和技能的提升，兼顾情感态度的培养	目标明确，兼顾学生国际化知识的学习及跨文化交流与合作能力的提升	目标模糊，缺乏指导性
	国际化课程比重	12分	课程比重在40%及以上	课程比重在20%~39%	课程比重在5%~19%	课程比重在5%以下
	国际化课程类型	13分	在世界“经合组织”划分的课程类型中占7类及其以上	在世界“经合组织”划分的课程类型中占4~6类	在世界“经合组织”划分的课程类型中占2~3类	国际化课程类型单一
	国际化课程内容	15分	课程内容丰富，广泛涉及全球问题、国际主题、国际学科前沿、国际案例研究、区域研究、比较研究、外国语言等方面	课程内容较为丰富，在全球问题、国际主题、国际学科前沿、国际案例研究、区域研究、比较研究、外国语言中涉及4个方面及其以上	课程内容较为丰富，在全球问题、国际主题、国际学科前沿、国际案例研究、区域研究、比较研究、外国语言中涉及2~3个方面的内容	国际化课程内容单一

续表

一级指标	二级指标	分值 M_i	评价等级 K_i			
			1.0	0.8	0.6	0.4
课程实施（25分）	国际化课程实施方式	15分	综合运用多种教学方法，并能根据课程性质灵活运用各种教学模式，注重课堂的情境性、合作性和生成性，教学效果良好	能够根据课程性质选择适当的教学模式和教学方法，注重情境的创设及师生间、生生间的互动，教学效果较好	教学模式与教学方法单一，能够进行必要的情境创设，师生间互动交流较少，教学效果一般	国际化课程实施缺乏规范
	双语教学开展状况	10分	采用双语教学的课程在50%及以上；外文教材达30%及以上；课堂效果显著	采用双语教学的课程在20%~49%；外文教材在15%~29%；课堂效果良好	采用双语教学的课程在5%~19%；外文教材在5%~14%；课堂效果一般	采用双语教学课程及外文教材比例均在5%以下；课堂效果欠佳

为了使评价的结果更加客观真实，评价要由第三方、督导团队、大学的教师和学生共同参与评价，其中第三方、督导团队以及大学的教师和学生的评价分别占总评价分数的25%、35%和40%。

在整个评价指标体系当中，共有3个一级指标和9个二级指标，各项指标之和为100分，每项二级指标的得分等于该项指标的分值M_i与它所对应的等级K_i之间的乘积，一级指标的得分是各个二级指标得分的总和。具体计算方式，参见表3-10。

表3–10 大学国际化课程体系建设总评分表

一级指标	得分	等级
实现路径（$V_1=\sum K_iM_i$）		
课程体系（$V_2=\sum K_iM_i$）		
课程实施（$V_3=\sum K_iM_i$）		
总得分（$V=V_1+V_2+V_3+V_4$）	90分以上	优秀
	75~89分	良好
	60~75分	合格
	60分以下	不合格

七、改革课程国际化课程体系应注意的问题

1.国际化与西方化、单国化的关系处理

从我国近代高等教育的发展史，我们可以看出，在对待本国文化与他国文化或世界文化的关系上经历了由盲目照搬到自觉意识加强的过程。在历史的某个时期，西方化、单国化是在所难免的，但在今天，我们不能再走老路，把国际化单纯地理解为西方化或单国化。在大学课程国际化的建设中，应正确处理这几个关系，在坚持向教育发达国家学习的同时，逐步加强对国际发展理论、全球性问题以及发展中国家和一些弱小民族区域文化与经济科技状况的了解。在课程内容的选择方面，不仅应加强对全球化理论和问题的学习、大力吸取或学习美国、英国、德国等西方先进国家的优秀的文化成果与科学技术，还要兼顾对亚太、非洲等地区国家和区域政治、经济、文化等方面知识的掌握，尤其加强对周边国家及其他同我国关系密切的地区语言和经济文化概况的了解，努力培养学生的国际视野和跨文化理解力，为促进国际间的和平、团结与合作做出贡献。

2.外语课程与专业课程的整合

自2006年颁布《国家安全语言计划》之后，有越来越多的美国大学在开设世界文化、历史和政治科学等课程时，开始考虑使用当地语言授课或者

通过海外留学课程来提高教学效果。我国的北京大学、清华大学、华中科技大学等国际化发展的先锋也已经在历史、经济、法律、物理等学科领域的部分课程中做出了尝试，将学生对外语课程的学习同本学科专业课程学习相整合。我国各大学在推进课程国际化体系建设的过程中应学习国内外先进大学的成功经验，结合本校具体状况，找准突破口，优先实现部分学科课程同外语课程学习的整合，循序渐进，逐步达到各个学科和领域的均衡发展。

3. 国际性内容的本土化处理

对国外文化传统及技术理论的引入是大学国际化课程建设的必然选择。然而，任何理论和研究成果的产生都有其特定的背景和环境，并不是所有的理论都能够放之四海而皆准，对所有国际理论成果贸然地移植很有可能导致外来理论的“水土不服”和本土学生的“消化不良”问题。因此，我国大学应在引入国外先进教材及理论成果的同时处理好课程国际化与本土化的关系，将国外优秀成果的吸收和引进同本国的国情和需要结合起来“化洋为土”，充分发挥自主能动性，对国际性内容进行必要的审视和梳理，甚至可以建立专家小组对其进行科学合理的改造和创新，使其更好地与我国的本土教育和文化相适应，从而提升我国大学国际化课程的实施效果，推进大学课程国际化发展的进程。

4. 课程的输入与输出并举

良性的课程国际化发展路径并不是单向引入，而是一个“输入”与“输出”兼具的双向流动的过程。纵观美国的国际一流名校，大都拥有自己的名牌学科，哈佛大学的法学、医学，耶鲁大学的历史学、生命学，麻省理工学院的数学、化学工程等吸引着来自世界各地的精英人才，源源不断地将自己的课程影响力推向国际。中华文化博大精神，拥有上下五千年的发展历史，我们在吸引国外先进文化的同时应该积极进行民族特色学科的建设，将诸如书法、儒学、武术等具有本民族特色的文化精华建设成国际性学科，通过留学生课程的实施及国外孔子学院的传授及网络平台的推广等方式向世界传播，让世界更加了解和认识中国，从而在国际舞台上为我们的“中国特色文化”赢得一席之地。

第四章　大学课程生成机制发展研究与改革

大学的课程体系直接关系到人才培养的规格和质量，其重要性可想而知。大学要形成优质、合理、高质量的课程，必须有一个科学合理的课程生成机制。大学课程生成机制是指高等学校课程生成得以正常运行的动力体系。这一动力体系的实质是大学课程生成过程中的各利益相关群体间的互动博弈——相互依赖、相互协调、相互促进的动态关联关系。它是课程开发得以正常运行的基本原理与动力体系，包括学校课程的设置程序和运行方式，特别是课程规划主体的认定以及课程的编制、实施、管理与监督之类的问题。

第一节　大学课程生成机制问题研究缘起

长期的教育实践证明，学校教育的各种活动必须以课程为轴心付诸实施。近年来，随着我国大学办学自主权的进一步落实与扩大，国家和政府对大学课程的控制越来越少，大学可以自主支配和控制的课程越来越多。作为承载教育理想和实现教育目的的大学课程体系，尤其是大学课程生成机制，从课程理论到课程实践都越来越多地受到关注和重视。

一、大学课程生成机制问题的提出

20世纪70年代，美国学者维克提出了松散结合系统理论，有的学者将此理论译为“松散耦合理论”。该理论极好诠释了这种两个或两个以上的系统或运动方式之间通过各种相互作用而彼此影响以致联合起来的现象，恰当地阐释了高校课程生成机制的运行过程。高校课程生成机制是指大学课程生成得以正常运行的动力体系，其实质是高校课程生成过程中的各利益相关群体间的互动博弈——相互依赖、相互协调、相互促进的动态关联关系。然而，对于我国大学课程生成机制理论研究还存在诸多问题：对先进的舶来式的课程生成机制理论吸收和转化的速度比较慢；理论研究的发展相对于社会所需人才存在滞后性；理论研究与实践没有有效融合；参与此理论研究的人员较为单一，即研究方式和渠道比较狭窄等。总的来说，建立一个较为成熟和完善的大学课程生成机制是课程理论研究中需要尽快解决的事情。

二、大学课程生成机制实践发展背景

我国大学课程生成的历史发展，走过了一条移植、借鉴、学习和创新之路。作为一个后发外生型国家，中国时刻都没有忘记学习国外先进经验，经历了从学习日本、德国到美国再到苏联的历史过程。“大学组织的基本构成要素，诸如学院、学部、学系、讲座、研究所或中心，以及从事高深学问的教学与研究的教授、专家、学者，在组织的运行过程中各自保持一种独立自主、低度联结的工作状态或组合方式，以致整个大学组织就像一个拥有各种知识群体的控股公司。”①正是由于松散结合组织的“耦合”特征，在大学课程生成机制的形成过程中，也是需要各部门、各领域、各地方相互合作，共同参与协作，以保证机制良形成和运行。如果仅以行政关系维系是很难保持学校组织的稳定性的，可能造成严重的组织机构“梗塞”，组织运转也可能失灵。

大学课程是高等学校为了实现培养目标而开设的学科及其目的、内容、范围、活动、进程等的总和。“高等学校的课程，一方面是知识传播的媒体，另一方面是知识生产、创新的‘胚芽’，涉及人的教育和发展的各个方面。”②大学的课程体系直接关系到人才培养的规格和质量，其重要性可想而知。质量问题是高教改革的核心问题，而提高质量的关键是教学质量的提高。课程又是教学的核心，大学要形成优质、合理的课程，必须首先加强对其课程生成机制的研究。

长期以来，我国进行的课程改革取得了一定效果。但是相对于我国大学越来越快的发展速度，我国的大学课程生成机制运行过程中仍存在这些问

① 樊平军，毛亚庆．论大学松散结合组织特性的知识根源[J]．高等教育研究，2006(6)：51-54.

② 薛天祥．高等教育学[M]．桂林：广西师范大学出版社，2001：117

题：课程生成和课程反馈的运转不畅；相对于时代和社会的变化，课程的制定和更新反应速度较慢，不能做出迅速的反应对策，具有明显的滞后性；与国外大学先进的课程内容和课程制定衔接不紧密；与市场就业信息的连接不通畅等。要解决这些问题，只有在建立了良好的课程生成机制后，才有可能产生优质、合理的课程，才能促进教学质量的提高，促进学生的全面发展。

第二节　大学课程生成机制的发展

一、国外课程生成机制的发展

历史地看，国外在课程生成机制方面，经历了早期由单个教育家决定的课程到后期由更多课程利益相关群体卷入而决定课程的一个过程。

1. 早期的课程生成机制

1657年，夸美纽斯为泛智学校设计的3类课程是历史上最早出现的有关于课程生成机制的构想.夸美纽斯通过对3类课程的设计，期望学生“可以学习当前和将来生活上所需要的一切学科”。第一类是主要课程，包括智力、口才、诚实行为以及虔信的实质等一些课程，语言、哲学和神学就是这类课程。他指出这类课程应先在一切班级分阶段地按同一个方法进行教授，目的是使学生在感觉、智力、记忆、语言、双手、精神、内心7个方面得到完善的发展。第二类是次要课程，包括历史课、各种练习和某些让有的学生在常规以外学的额外的课程。第三类是健身课程，主要指各种游戏、娱乐和戏剧表演，其作用在于增进身体健康，促进头脑发展。

夸美纽斯设计的这种广博的课程体系，打破了传统欧洲封建“七艺”的课程体系长期统治学校教育的局面，特别是把自然科学课程引入教学，极大地丰富了教学内容，反映了时代的要求，奠定了资产阶级课程制度的基础。

19世纪中后期，在系统地论证了科学知识的价值及其在学校教育中应有地位的基础上，斯宾塞提出了以人类生活为中心、以科学课程为主课而门类繁多的课程体系。他首先把人类生活的几种主要活动按其重要程度加以分类，然后根据教育目的相应地确定各门课程。它包括5个部分：

第一部分，为完成准备直接保全自己的教育，需要学习生理学、卫生学等。

第二部分，为完成准备间接保存自己的教育，除了必学读、写、算之外，还必须学习逻辑学、数学、力学、热学、光学、电磁学、化学、天文学、地质学、生物学、社会学等。

第三部分，为了准备从事抚养和教育后代的生活，需要学习心理学、生理学和教育学等。

第四部分，为完成准备做公民的教育，需要学习历史学。

第五部分，为完成准备生活中各项文化活动的教育，即审美文化，需要学习雕塑、绘画、音乐、诗歌等课程。

斯宾塞的这一课程体系所包含的内容是比较广泛的科学知识，尤其是自然科学知识是这个课程体系的核心内容，占据了课程的主导地位。这是一个注重科学和重视实际应用的课程体系，对于传统的古典人文主义的教学内容来说，斯宾塞的这个课程体系无疑是一次革命。

20世纪初，美国实用主义教育家杜威认为，一切学习都来自经验。他指出："当我们用经验这个字眼表达教育的时候，有一个考虑就特别突出。凡能称为一门学科的，不论数学、历史、地理或一门自然科学，必须一开始就从属于日常生活经验范围的那些材料中得来的。"这个时候，有关课程及课程生成机制的含义也进一步拓展了，在他们这里，课程已成为活动，是促进学生发展所有经验。这就要求高等学校进行课程改革，在形成课程生成机制过程中注意促进学生发展经验。

总的来说，夸美纽斯、斯宾塞、杜威设计的课程模式是由一个教育家主导的课程生成机制，其特点为，一个教育家就可以决定课程的内容、课程的多少等，为大学课程生成机制发展奠定了基础。但由于时代和经济水平的制约，不可避免地存在一些缺陷，如参与者较为单一等。

2.相关利益者参与的课程生成机制

随着课程实践的深化，除了教育家、教师等传统课程角色影响力的加强，各种新的利益相关群体（学生、学生家长、企业等）也广泛地介入课程生成机制中来，并且发挥着越来越大的影响。

学生家长参与课程的生成。学生是课程实践及其研究中的一个弱势群体。为改善课程实施的成效，有必要把学生纳入课程实施及其研究之中。学生具有参与课程实施的能力，学生参与课程实施有利于促进课程变革走向成功；学生参与课程实施研究具有方法论上的优势。理论上说，学生参与课程实施及其研究具有4种形式，即学生作为数据来源、学生作为积极反应者、学生作为共同研究者和学生作为研究者。

家长参与课程的生成。学生家长要求充分享有课程的知情权和建议权，为保障自己的知情权和建议权，学校被家长要求：要打破封闭的状态，借助于媒体，做好课程改革的宣传工作，让家长了解课程，了解学校课程改革的情况；学校建立合理的采纳建议的机制，以开放的姿态接纳家长提出的合理化建议，推进学校的课程改革。

企业参与的课程的生成。国外企业素有积极参与高等教育尤其是职业教育的优良传统，共同趋势是其课程生成模式呈多样化和多元化。每次改革的参与者的范围都在扩大，参与者的参与度也在加深，并对时代特征和社会发展大趋势进行了透彻分析和整体把握，对教育要培养什么样的人才进行了科学论证，适时调整了教育使命和培养目标。根据一项相关调查数据的样本分析，约17万家企业成为美国“学校到工作”（school-to-work）学习项目的合作伙伴。国外企业参与职业教育具有多种动机，主要有为社会公益服务、建立良好的公共关系、降低成本、招募员工等。企业会给大学提出要求甚至直接参与到大学的课程生成过程，大学的课程就根据企业提出的岗位要求进行相应的调整，比如学生在完成三年的专业课程学习后，在第四年针对企业要求进行培养，增加实际操作课程。企业参与大学课程生成的具体方式包括邀请企业领导、管理人员、技术人员给学生讲课，组织学生到企业去现场学习、定期实习等。

在这种课程利益相关群体卷入的课程生成机制中，比起由教育家主导的课程生成机制有所进步，主要表现在：其参与者逐渐广泛；课程实践与企业相结合导致课程较好的反应市场的人才需求，增加了课程的灵敏性等。

二、国内课程生成机制的发展

从新中国成立以来，大学课程生成机制的发展在不同时期出现不同类型。

1.中央集权型课程生成机制

20世纪50年代，我国以苏联教育为“蓝本”进行了教育体制的彻底改革，摒弃了美国的通才教育模式，完全照搬苏联的专才教育模式。1952年，以苏联高校为模式，进行了院系调整。1952年秋季班一年级开始首次试行教育部颁发的统一专业教学计划（草案），二年级以上各班级也都根据精神，制订和执行了过渡性教学计划。80%以上的课程都制订了教学大纲和教学进度表，基本完成了从制度到内容的课程模式的转变。1952年11月，教育部印发了《关于翻译苏联高等学校教材的暂行规定》，并成立了“高等学校教材编审委员会”，要求首先以翻译苏联高校一、二年级基础课程的教材为主，兼顾一些急需的专业课程的教材，以后再逐步扩大范围，完成主要学科教材的翻译工作。之后，全国大学基本上以苏联教材为“蓝本”进行编译。1955年、1956年高教部陆续修订颁布了一大批学科专业的教学计划和教学大纲。这一时期，我国的大学课程生成机制基本是单一的中央集权型的。

2. 地方分权为主的课程生成机制

20世纪50年代末60年代初，出现了一些违背教育规律的做法。对教材内容和教学方法的失误，给高校课程带来了一些消极影响。这主要有两个方面：其一是采取大破大立、大合大改的办法，发动群众编写教材；其二是片面理解“教育与生产相结合”，让学生走出校门，深入工厂、农村参加生产劳动，一边学习，一边实习。这些做法打乱了正常的教学秩序，破坏了系统理论知识的学习，导致教材质量、教学质量下降。

60年代初，贯彻中央“八字”方针和《高教60条》精神，大学教学逐渐恢复了正常秩序，特别是改革学制（大学为5年制、4年制）以后，又重新讨论修订了学科专业教学计划和教学大纲，取得了一些成效。由于结合我国实际，总结了10多年正反两方面的经验，特别是某些教材内容吸收了部分当代新科学知识，使得课程内容有一定的改观。60年代初重新修订与编写了教学计划、教学大纲和教材，部分地考虑了我国实际情况，在苏联模式的基础上前进了一步，具有一定的我国自己的特色。这一时期我国的高等学校课程生成机制主要以地方自主型为主。

3. 恢复为中央集权型课程生成机制

20世纪70年代末80年代初，十一届三中全会以后，我国开始实行改革开放政策，逐步引进和吸收西方教育理论和教育思想，教育领域发生了较大变化，高校的课程体系和课程内容得到了恢复和改革。1979年至1980年年底，教育部先后召开了一系列有关整顿教学秩序和教学改革方面的会议，重新调整了专业，制订了修订教育计划和教学大纲的原则，修订了各学科教学计划和教学大纲，制订了教材编审出版的原则、规划等。总的来看，70年代末高校课程基本上处于恢复阶段。到了80年代中后期，我国在社会经济、科技文化方面进行了一系列重大改革，各方面均发生了深刻的变化，高校人才培养和集权型的课程生成机制不适应社会需求的情况显得日益突出了。

4. 学校自主型课程生成机制

20世纪80年代末90年代初，改革开放的进一步发展，特别是经济体制由计划经济逐步向市场经济的过渡，为高校课程进一步深化改革提供了有利的环境和条件。这一时期的高校课程改革比较广泛、深入，涉及课程的各个方面。由于扩大了学校自主权，国家实行宏观控制，教学计划、教学大纲有较大松绑，各高校主动进行课程改革的积极性比较高，取得了一些成绩，如课程结构的进一步优化、课程功能向多元发展等。

5. 多元化课程生成机制

20世纪90年代初到现在，国内社会政治生活和经济文化的多元化发展，对学校课程的需求日益多元化和个性化，地方和学校的课程决策权也进一步加大，责任相应增强。这为课程生成机制的开发提供了巨大的需求可能、政策支持和发展空间。

从上述我国大学课程生成机制发展的历史脉络中可以看出，我国没有形成一个一直占主流的大学课程生成机制，大学课程生成机制随着国家政治、经济、文化等因素的变化而不停地进行变化，时而学校自主制的课程生成机制占据主要地位，时而中央集权制的课程生成机制占据主要地位。仅从起主导作用的时间因素上来看，中央集权制的课程生成机制作为我国的大学课程生成机制时间更长一些。

近年来，随着我国大学办学自主权的进一步扩大，国家和政府对大学课程的控制越来越少，大学可以自主支配和控制的课程越来越多。学校自主型的大学课程生成机制正在逐渐形成。但伴随着课程组织形式的多样性而出现的随意性等问题引起重视。到底何种大学课程生成机制最适合我们，成为亟待研究的问题。

第三节 大学课程生成机制代表类型

“机制”一词最早源于希腊文，原是机械学中的概念，指的是机器的构造和动作原理，对机制的这一本义可以从以下两个方面来解读：一是机器由哪些部分组成和为什么由这些部分组成；二是机器是怎样工作和为什么要这样工作。现在“机制”的内涵一般包括：“机器的构造和工作原理”；“有机体的构造、功能和相互关系”；“某些自然现象的物理、化学规律”；“一个工作系统的组织或部分之间相互作用的过程和方式”；等等。

把机制的本义引申到不同的领域，就产生了不同的机制。理解“机制”这个概念，最主要的是要把握两点：一是事物各个部分的存在是机制存在的前提，因为事物有各个部分的存在，就有一个如何协调各个部分之间的关系问题；二是协调各个部分之间的关系一定是一种具体的运行方式，机制是以一定的运作方式把事物的各个部分联系起来，使它们协调运行而发挥作用的。

在任何一个系统中，机制都起着基础性的作用。在理想状态下，有了良好的机制，甚至可以使一个社会系统接近于一个自适应系统——在外部条件发生不确定变化时，能自动地迅速做出反应，调整原定的策略和措施，实现优化目标。

“课程生成”是指根据高校培养目标，在遵循课程发展规律前提下，对大学生学习内容和方法进行判断和选择的过程。“大学课程生成机制”就是大学课程生成活动得以正常运行的动力体系，是大学课程生成的内在方式及其机理。这一动力体系的实质则是大学课程生成过程中的各利益相关群体间的互动博弈——相互依赖、相互协调、相互促进的动态关联关系。在价值尊重与价值协商的基础上，课程运作过程中对不同利益相关群体赋予不同的职责与权限，既相互监督和制约，又充分反映不同利益相关群体的利益诉求，从而形成一股强大的“合力”，最终生成最完善、最优化的高校课程的动态过程。

依据中央、地方和学校三者课程生成权力的分配关系，当前有3种基本类型的课程生成机制，即中央集权型机制、地方分权型机制、学校自主型机制。

一、地方分权型大学课程生成机制

1. 地方分权型大学课程生成机制的内涵

地方分权课程开发机制的追求取向更多地带有所辖地区的特点，具体的地域适应性更强一些。地方分权课程开发机制从理论上讲也是集权型的课程开发机制，是中央集权机制在地方上的翻版，只不过是课程开发主体从中央权力机构转移到了地方权力机构。与中央集权机制相比，地方分权课程开发机制的追求取向可能更多地带有所辖地区的特点，具体的地域适应性可能更强一些，因而也可以把它看作是课程多样化的重要措施。那些在中央集权背景下的地方负责制往往套用中央集权的机制模式，就属于这方面的实例。不过，大多实行地方分权机制的国家，地方享有高度的课程决策自主权，而地方又往往授权学校在课程方面行使自主权。所以，地方分权更多的是一种介于中央集权与学校自主之间的中间型课程开发机制，它既可能朝集权型方向发展，又可能朝自主型方向发展。

2. 地方分权型大学课程生成机制的特点

教育行政管理的地方分权制的主要优点是：教育行政权力分散，有利于地方因地制宜发展教育，使教育适应地方的经济和社会发展需要；地方政府和教育行政机关执掌有关的教育权力，有利于充分发挥其办教育的积极性和主动性；地方自主管理教育事业，有利于地方及时处理和决断有关教育问题，提高教育管理的效率，反过来能促使中央集中精力更有效地履行其宏观管理的职能。

教育管理的地方分权型机制的不足之处主要是：教育行政权力分散，不易统一政令、统一标准、统筹规划及统筹兼顾；各地条件不同，对教育事业的认识不同，容易造成教育的不平衡发展；各地自主行政，中央调控能力有限，不利于组织地方之间的教育协作。

3. 地方分权型大学课程生成机制的发展趋势

在课程开发上属于分权型的国家，分别将课程开发的部分权限上移到国家层次和下放到学校层次，如澳大利亚、美国、加拿大等国家。这些国家，一方面，开始或进一步把教育竞争作为国与国之间竞争的一个重要方面，把教育水准的提高作为本国在未来的国际竞争中获胜的一种基本手段，将调控教育视为一项带根本性的政治任务，因而不断地加强国家对课程的控制，国家层次的课程决策权限增强；另一方面，又扩大学校在课程决策上的自主权，加强校本课程开发。

4.相关案例

实行地方分权型机制的典型代表是美国，美国教育行政实行地方分权，中央教育部主要起规划、指导和协调作用。美国教育行政主权在各州，多数州又将权力授予学区，故可以说实权在学区。州议会有权制定本州的教育基本政策和法规，学区有权制定教育计划、教育预算，征收教育税，管理教职员人事，选定教材等，联邦政府无权干预各州的教育行政。事实上，美国建国后相当长的时间没有设立中央教育行政机关，20世纪70年代后，为解决教育由地方控制而引起的教育发展不平衡和质量参差不齐等问题，联邦政府于1979年10月才成立联邦教育部，以加强和扩大联邦政府管理教育的作用，但是其权力仍然相当有限，仅限于负责分配管理联邦政府补助地方教育的拨款，从事教育研究和成果推广，从事全国教育资料统计。

美国联邦教育部对各州的教育基本上起着号召和建议的作用，一般不直接插手各州教育事务。州层次主要是制定全州课程的一般标准、毕业规定；制定州的测验以及各个必修科目的实作表现标准；提供各项必要的资源给地方学区。实际上，对课程开发起到实际作用的，是学区和学校层面。学区课程委员会对本学区学校开设的课程有较大的发言权和决定权。

地方教育行政部门对学校的领导主要体现在制定课程的质量标准，进行检查与评估，提出改革建议。而联邦政府只对大学进行宏观调控，在具体的课程事务上不进行干涉。“美国宪法规定每个州对本州教育体系负责，而许多州则委派地方学校委员会来决定课程。”[①]从20世纪80年代开始，联邦政府对大学的经费资助一直处于下降的态势，对高校课程的决策权也进一步让位于州和社会。但是在课程的实际运行中，州和社会只对课程的决策起指导、评价的作用，学校的院系掌握了课程的实际决策权。课程管理体制属于典型的分权制，建立在分权理念基础上的大学管理组织，其最基本的管理部门是院系，课程的决策权集中在学院一级，系的所有成员都对课程设置、课程结构调整、课程评价等事务拥有表决权。管理权力的下放，保证了教师参

① 霍尔姆斯 B，麦克莱恩 M.比较课程论[M].张文军，译.北京：教育科学出版社，2001：119.

与管理的可能性和程度，“避免了某一个人在课程体系和学科体系中占据统治地位”。而对学生参与课程事务管理因争议较大，目前学生对课程管理的影响还微乎其微。

二、中央集权型大学课程生成机制

1. 中央集权型大学课程生成机制的内涵

教育行政中的中央集权是指这样一种教育行政权力结构体制，即中央教育行政机构和地方教育行政机构之间表现为一种命令与服从的隶属关系，教育行政事务的决策权或最终决定权集中在上级机关，下级机关只能根据上级机关的决定、命令和指示行使管理职能，并向上级机关负责。在中央集权体制下，教育事业是国家的事业，由国家直接干预，一切教育活动须受国家权力的指导和监督，地方办学和管理都必须遵循中央政府的方针政策，地方自主的思想居次要地位。

2. 中央集权型大学课程生成机制的适用范围

作为一种大规模的自上而下的改革性策略，中央集权型高校课程生成机制在两种情况下是必要的：第一，当整个教育系统或课程计划都需要快速主动彻底的变革时，以及教育的情境出现紧急状态，旧体制无法解决一些急迫的问题或者完全无能为力时，采用这类改革性策略是最合适的方法。第二，当教育系统发育还不成熟时，需要采用这种改革性的方法。

3. 中央集权型大学课程生成机制的特点

中央集权型机制的优点在于：可以统一国家的教育目标、方针、政策和法规，统筹规划，全面安排；国家可以有效地调节各地区的教育发展，对教育落后地区予以重点扶持；教育行政权力集中在中央，可以加重中央政府对教育的责任，发挥中央办教育的积极性；可以统一教育标准和要求，易于考察和控制全国的办学水平；有利于教育政策、法令的推行和教育经验的推广。它的好处是：确保受教育者至少获得各种重要学科的基本深度和广度，从而保证起码的受教育机会公平；形成教材使用的经济规模，缓解了某些教育资源严重不足的矛盾；便于在教育系统层次上进行全国性的统一变革等。

然而，中央集权型机制也有不足之处，主要表现在：容易形成不顾地方特点和条件、强求一致的局面，从而对地方因地制宜发展教育事业造成不利影响；教育管理的主要责任集中于中央，不利于调动地方发展教育事业的积极性和责任感；中央集中管理，地方缺少自主权，客观上使得地方教育行政管理工作者趋于保守、僵化，缺少灵活性，降低了教育管理的效率。

作为一种典型的课程生成机制，法国、俄罗斯等国家在高校课程生成机制方面表现出明显的中央集权特征。在中央集权体制下，教育事业是国家的事业，由国家直接干预，一切教育活动须受国家权力的指导和监督，地方办学和管理都必须遵循中央政府的方针政策，地方自主的思想居次要地位。

4. 相关案例

法国是一个典型的中央集权国家，沿袭古罗马的法律和行政传统，在国家管理中实行中央集权管理。在教育行政上，相应地实行中央集权体制。其中央教育行政机关——国民教育部拥有很大的权力，从中央到大学区、省、市的教育事务，从公立教育到私立教育，从国家教育目标、政策、法令到学校的课程设置、教学大纲、教学进度、考试时间和内容，从教育经费到学校人事,无一不属于国民教育部的权力范围。“大多数决策，无论巨细，都是由巴黎的教育部甚至内阁做出”①。

法国这种在教育管理上长期实行高度的中央集权也深刻地反映在了高校课程生成机制上。法国政府设立“国家教学大纲委员会”，定期审查修改高校课程的内容、改革学制、简化考试。“尽管法国传统的高等教育体制具有非凡的稳定性，但是树欲静而风不止”②。法国的高等教育自二战以来遭受着社会各界人士巨大的抨击，1968年爆发了战后规模空前的学生运动，直接促成了《高等教育方向指导法》的出台，该法案规定，由大学自行制定教学计划，决定教学模式、教学内容及考试方式等。课程决策的部分权力下放至大学，缓解了高等教育的内部矛盾。但是，法国的课程决策仍然是在高度中央集权的政府中进行。地方或学校的课程决策权很小甚至是没有任何影响，更多的是执行中央的课程决策。课程标准由“教育部‘学校教育总局’制定，并报‘国民教育最高审议会’审定。地方可根据实际情况修订，学校、教师也有一定权力修订”③。教师只在教材选用上拥有参与权和建议权，学

① 王承绪.学术权力——七国高等教育体制比较[M].杭州:浙江教育出版社,1989:49.

② 贺国庆,王保星,朱文富,等.外国高等教育史[M].北京:人民教育出版社,2006:428.

③ 胡东芳.谁来决定我们的课程——主要国家课程权力分配比较研究[J].外国教育研究,2005(3):32.

生只是接收选定的课程，几乎没有参与权和建议权，地方和学校只能对选修课程做出影响和决策。当前法国教育当局也允许不同团体对课程决策产生影响，这些团体可以是政治家、专家学者、教师、学生、家长的利益代表。“课程规划主要有专家控制，很少有外行干涉，但这些专家不仅仅是反映教育部观点的官员”①，课程管理权力下放，课程决策不再只是巴黎的事务，大学在课程管理上拥有了更多的自主权和影响力，课程管理趋向民主化。

三、大学自主型课程生成机制

1.学校自主型课程生成机制的内涵

学校自主课程生成机制，主要体现在学校的自主课程开发，即校本课程开发机制。对于这一概念基本一致的观点是：校本课程开发的场所是在学校，开发的主体是学校的校长、教师以及学校外的学生家长、社区人士等，主要的开发活动是制定学校课程计划、实施课程并评价课程。所以对于校本课程开发，我们可以这样理解：校本课程开发是指为了满足学生发展的需要，以学校为基地，教师为主体，自愿、自主开展的课程活动，是一个持续和动态的课程改造过程。

学校自主课程开发机制是以学校教师为主体对学校课程进行自主开发。学校自主机制或校本课程开发机制的确立所依据的思想基础属于人本位的教育取向，强调的是具体学校乃至具体学生个别差异的适应性问题。

2.学校自主课程开发机制的特点

学校自主课程开发最大的优点就是整个校本课程的开发能够结合本校师资的特点和可能，兼顾学生的基础与兴趣，设计赋有学校特色的专业学程，拟定个性化的学校课程计划。学校课程计划中，课程开设的顺序、各类学程课时的配比、课程实施的策略、教学工作的要求、课程自我评价的方法皆可与其他学校不同。

这种机制既不同于法国、俄罗斯的中央集权型高校课程生成机制，又不同于澳大利亚、美国、加拿大等国家的地方分权型高校课程生成机制。学校自主型高校课程生成机制的典型代表为英国。

① 霍尔姆斯 B，麦克莱恩 M.比较课程论[M].张文军，译.北京：教育科学出版社，2001：83.

3.相关案例

英国学校一直以来均拥有自定课程的权利，尽管过去地方教育当局和地方课程管理委员会也有关于学校课程的基本规定，但真正的权力掌握在学校管理委员会和校长的手中。“课程决策类型属于示范型。在课程标准及具体细目上，无全国统一标准，只有教师手册供参考；地方当局、校长自定标准。在课程结构上，国家规定基本科目，其余由地方及学校自定。”“英国大学的本科生入学申请时，就需要确定自己的课程（Course，相当于我国的‘专业’）。每种课程的学制一般为3年或4年，个别课程如医学需要5~6年时间。”[①]“决定课程模式的主要因素是学生学什么，而不是在哪里学。”课程细节的要求由学校确定，课程和考试主要由大学里的系负责，课程的设置要由学部和评议会批准，选定哪些教材则由校长决定。教材的编写无需国家审定，可自由发行，教师在教材选用上拥有主导权，专家学者的影响力主要体现在课程的编制上。“具体地说，英国的课程决策主要存在于两个层次：一是学校层次，即由校长和教师决策全校性的课程；二是班级层次，即由各个教师在一定范围内自由决定自己班级上的课程。”[②]

英国的校本课程开发过程中，除本校教师以外，其他参与者还包括校外专家、图书馆工作人员等。每个成功的国家都十分清楚，任何一种课程生成机制都不可能解决所有的课程问题，也就不存在哪一种生成机制绝对好或不好，只有比较适合或不适合的判断。

第四节　改革我国大学课程生成机制

一、设置多元化大学课程生成机制

从利益相关者理论出发，比较适合中国国情的大学课程生成机制应是兼顾上述确定型利益相关者、预期型利益相关者和潜在型利益相关者利益关切的一种多元化的高校课程生成机制。

多元化大学课程生成机制的内涵如下：在价值尊重与价值协商的基础上，在制定大学课程计划、实施课程方案和评估课程效果等不同的课程运作

① 杨春梅.英国大学课程改革与发展[M].北京:北京理工大学出版社,2006:150.

② 丁念金.课程论[M].福州:福建教育出版社,2007:266.

过程中对不同利益相关群体赋予不同的职责与权限，既相互监督和制约，又充分反映不同利益相关群体的利益诉求，从而形成一股强大的“合力”，最终生成最完善、最优化的大学课程的动态过程。

其多元构成主要包含中央政府、地方政府、大学、专家、教授、实业界人士、企业代表、民间组织等。

二、设置多元化课程生成机制的理论基础

1.利益相关者理论的内涵

利益相关者思想萌芽于20世纪30年代，利益相关者（Stakeholder）作为概念出现则是由斯坦福研究中心（现称SRI公司）于1963年提出的，本意是在一个企业或一项商业活动中拥有投资份额、股份或其他相关的个人和组织。作为一种理论视角和产生初衷，利益相关者在公司治理、战略管理等方面应用最多；作为一种研究理念和研究方法，利益相关者思想的应用日趋广泛，目前已被应用于教育、项目管理和公共事业管理等领域。

利益相关者理论的核心问题有两个：①谁是利益相关者；②如何划分利益相关者。对于①，比较权威的是战略管理大师Freeman对利益相关者的界定，是指“那些能影响企业目标的实现或被企业目标的实现所影响的个人或群体”。需要明确的是，利益相关仅仅是指双方或多方在利益上的关联，这种关联本身并无损、益之分，至于如何衡量利益相关方向及相关程度则需实证研究的支持。对于②，目前应用比较广泛的划分方法是“米切尔评分法”（Mitchell Score-based Approach），其核心是根据利益相关主体符合合法性、权力性、紧急性，3个属性的个数对利益相关者进行划分，符合3个属性则为确定型利益相关者（Definitive Stakeholders），符合两个属性则为预期型利益相关者（Expectant Stakeholders），符合一个属性则为潜在型利益相关者（Latent Stakeholders）。利益相关者的组成是动态变化的，且不同类型利益相关者随条件变化可以相互转化[①]。

（1）确定型利益相关者——学生和教授

学生曾经是大学的所有者，并拥有一切权力，如在波洛尼亚大学模式中，学生控制着大学行会。虽然“学生行会”模式很快被“教师行会”模式

① 楚永生.利益相关者理论最新发展理论综述[J].聊城大学学报(社会科学版),2004(2):33-36.

所取代，但其影响仍在一些国家的大学中得到保留。“波洛尼亚大学模式对萨拉曼卡和西班牙大学有着广泛影响，后来又影响了拉丁美洲。”①因为没有学生就没有大学，学生毕竟是大学存在的理由。从这一意义上，学生是大学的主要利益相关者。

西班牙思想家奥尔加特·加塞特十分强调学生对于大学的意义，认为学生是大学服务的根本所在，甚至“他很想把整个‘大学的使命’移交给学生”②。1998年召开的世界高等教育大会通过的《21世纪的高等教育：展望和行动世界宣言》就明确指出：“国家和高等院校的决策者应把学生及其需要作为关心的焦点，并应将他们视为高等教育改革的主要参与者和负责任的利益相关者”，要使“学生参与有关高等教育问题的讨论，参与评估，参与课程和教学法的改革，并在现行体制范围内参与制定政策和院校的管理工作”。

与学生一起成为大学课程确定型利益相关者的还有大学教授。他们一直是大学的关键利益相关者，甚至有时还是大学的“所有者”之一。

大学教师是高等教育活动的执行者，是实现人才培养、科学研究和社会服务功能的行为主体，“应当将其视为并理解为须参与高等教育决策的力量”。对教育质量负有最直接、最重要责任的大学教授是典型的“确定型利益相关者”。

（2）预期型利益相关者——政府

关于政府对于高等教育的作用可以分为两种类型“起促进作用的国家”和“起干预作用的国家”。“起促进作用的国家”是指一个政府赞同高等教育为那些具有正式资格进入高等教育的人提供一个机会，并不是实际指挥大学的核心。“起干预作用的国家”指一个政府积极地卷人试图影响诸如产品的性质、学校的内部事务、一所大学和它的环境之间的关系等方面的工作③。“在近代，拿破仑是第一位把握、控制大学系统的人。他彻底地重建了大学体系，并使其成为国家管理的法国教育体系的一部分，并一直保持至今④。可见，政府以各种各样的方式影响着大学，成为大学的主要利益相关者。

① 克拉克·克尔.大学的功用[M].南昌:江西教育出版社,1993:13.

② 克拉克·克尔.大学的功用[M].南昌:江西教育出版社,1993:14.

③ 弗兰斯·范富格特.国际高等教育政策比较研究[M].杭州:浙江教育出版社,2001:6.

④ 克拉克·克尔.大学的功用[M].南昌:江西教育出版社,1993:16.

从利益相关者理论的角度来看，环境的变化促使政府同时拥有了影响力、合法性和紧迫性三种属性，进而从“统治型利益相关者”日益转化为“确定型利益相关者”。这种转化事实上使得政府与其他利益相关者的利益诉求更加趋向一致，将大大激励大学管理者进一步切实通过改善和改进高校课程，从而提高人才培养质量。

（3）潜在型利益相关者——企业

企业（包括实业界人士、社区和捐赠者等）是促进教育创新和变化的最重要的力量，因为企业不仅仅是教育的消费者，同时是重要的人才培养之处，新思想和新方法的产生基地，因此，企业成为高等学校的潜在型利益相关者的代表。

2.利益相关者理论视野下的大学课程生成机制

依据利益相关者理论，大学是一个典型的利益相关者组织：政府、教师、学生、学生家长、用人单位等都是大学的利益相关者。美国学者罗索夫斯基在相关研究中列举出了大学的4类群体，并就其与大学之间的重要性程度划分为最重要群体、重要群体、部分拥有者和次要群体4个层次①。

结合我国大学的实际情况，根据利益相关主体符合合法性、权力性、紧急性3个属性，可将大学课程利益相关者分为确定型利益相关者、预期型利益相关者和潜在型利益相关者。其中，确定型利益相关者包括学生、教师，预期型利益相关者包括大学内部行政管理者、政府，潜在利益相关者包括校友、企业、捐赠者、市民、社区、媒体等。

三、运行多元化大学课程生成机制遵循的原则

1.多元性原则

大学课程生成过程不仅涉及经济利益、公众利益、眼前利益和物质利益，还涉及社会利益、政治利益、生态利益、个人利益，长远利益和精神利益等。利益相关者多样化与利益类型多元化密不可分，大学课程生成机制是多种利益相关者的多种利益之间的相互权衡和博弈。依据利益相关者的划分标准，按照符合合法性、权力性和紧急性3个属性的个数，将大学课程生成过程的利益相关主体划分为确定型、预期型和潜在型3类利益相关者，这是

① 胡赤弟.高等教育中的利益相关者分析[J].教育研究，2005(3)：38-46.

对传统的大学课程生成过程中涉及的利益类型及利益主体的重新划分，试图涵盖大学课程生成过程所涉及的全部利益相关者，从而体现出日益多元化、复杂化的大学课程生成过程中的利益格局。

2. 系统性原则

大学课程运作的阶段是高校课程生成机制的外在表现形式，各利益相关群体间的互动博弈——相互依赖、相互协调、相互促进的动态关联关系——是其内核，两者组成一个完整的系统，因而建立多元化高校课程生成机制的利益相关者模型，首先要在遵循系统性原则的基础上将两者进行有机结合。根据大学课程运作的阶段划分将其中的利益关系提炼出来，形成大学课程生成过程的阶段层和利益相关者层，两者平行对应，两个层次形成一个完整的过程系统。

3. 动态性原则

大学课程生成过程中利益相关主体的主观性、课程资源及环境的变化性使得大学课程生成过程呈现出必然的动态特征，主要体现在大学课程价值设定的主观性、大学课程自身的演进以及高校课程实施情境的动态性，因而从动态角度研究大学课程生成机制也是当代复杂性科学的一大特点。在“多元化大学课程生成机制”中主要从以下3个方面体现其动态性：①伴随大学课程运作阶段的推进，利益相关者的类型和规模均在动态地变化着；②大学课程运作过程的各阶段与其利益相关者之间进行着双向互动，正是这种动态作用推动着高校课程运作的“演进”；③在同一大学课程运作阶段，不同类型的利益相关者进行着动态性的利益博弈。

四、实施多元化大学课程生成机制的策略

1. 六阶段操作策略

根据对欧美和日本等发达国家的研究，提出为适应我国社会发展趋势和国情的发展的多元化大学课程生成机制，参照我国和国外课程生成机制的研究，和大学课程生成的一般过程，多元化大学课程生成机制的实施可以分为组织建立、现状分析、目标拟定、方案编制、解释与实施、评价与修订等6个阶段。这6个阶段的操作流程参见表4–1。

表4-1 大学课程生成机制六个阶段操作流程表

操作步骤	主要议题	参与人员	角色定位
组织建立	成立课程委员会或工作小组、确立参与成员及工作程序、进行高校课程生成的准备	1.教授、校长 2.学生 3.校外咨询人员 4.学校行政人员	1.决策、讨论 2.讨论、决策 3.咨询、建议 4.协调、服务
现状分析	进行需求评估、问题解决、资源调查	1.教授、校长 2.学生 3.校外咨询人员 4.学校行政人员	1.决策、讨论 2.讨论 3.咨询、建议 4.协调、服务
目标拟定	澄清高校课程愿景、确立一般目标与具体目标	1.教授、校长 2.学生 3.校外咨询人员 4.学校行政人员 5.政府部门 6.工作小组	1.决策 2.讨论 3.咨询、建议 4.协调、服务 5.咨询、督导 6.支持、讨论、咨询
方案编制	确立工具与方法、选择课程资源与组织形式	1.教授、校长 2.学生和家长 3.校外咨询人员 4.工作小组	1.决策 2.讨论 3.咨询、建议 4.支持、讨论、咨询
解释与实施	强化教育哲学思想和特色意识、营造条件与氛围、统筹课程资源	1.教授、校长 2.学生 3.学校行政人员	1.决策 2.讨论 3.协调、服务
评价与修订	设计监控与交流系统、准备评价方案、追踪实施效果、收集反馈意见、修订高校课程与课程开发方案	1.教授、校长 2.学生、家长 3.校外咨询人员 4.学校行政人员 5.政府部门	1.决策 2.讨论 3.咨询、建议 4.协调、服务 5.支持、咨询、督导

成立课程委员会或相应的工作小组，为整个大学课程生成过程提供了必要的组织保证，而且它本身成为一个进行宣传和动员，提供支持和服务，增进交流、对话和理解，增强凝聚力和归属感的过程。所以，大学课程委员会和工作小组的成员应该具有广泛的代表性，并要体现出学校教授主体的特点。它的工作程序要具有民主、开放、科学和合作的精神。

现状分析包括需求评估、资源调查和问题反思等环节，其中，需求评估是要对学生的发展需求、家长的期望、社会和社区的要求以及学校预期等因素做出有说服力的判断。

目标拟定至少包括两个相互联系的工作：一个是针对教师的专业发展目标及其相应的开发成果，另一个是针对学生的课程目标。多元化大学课程生成机制既要促进学生的成长，又要促进教师的专业发展。因为没有教师的专业发展，学生发展和学校发展都只能是一句空话。

对于大学课程生成过程的各利益相关群体来说，掌握课程编制的方法和手段是最基本的，可以考虑从方法和手段起步，再逐步掌握大学课程生成的各个环节。同时要不断突破个人日常工作经验的局限，关注自己的全部职责。可以制定系统的考核表，经常回过头来参照一下前面的步骤和目标实现的情况。

最后两个步骤是如何将大学课程本身付诸实施和修改的问题。操作模式设计必须估计到诸如新旧安排之间的过渡、冲突和混乱之类的情况，可以通过反思过去的经验、分析相关的革新理论和研究，以及通过进行富有想象力的预测加以考虑和处理。

2. 多机制并举策略

多元化大学课程生成机制能否最终得以落实，重要的是要采取相应举措，制定和完善相关体制，为大学课程生成的实现提供充分保障。

第一，课程利益相关群体的激励机制。使广大的课程利益相关群体特别是教师参与课程编制改革过程之中，在采用的方法手段上，既要使用物质激励，又要重视精神激励。

第二，大学课程利益表达机制。成立学校课程咨询委员会，在校内建立一个平等、民主的沟通平台，让每一个课程利益相关者都有表达自己声音的空间。课程咨询委员会在成员的构成上应具有两个特征：来源的广泛性和地位的平等性。在成员的构成上，除了相关学科带头人、教育管理者之外，社会行业代表、学生和教师代表，以及课程论专家都应参与其中；在地位上，应通过制度明确给予学校课程咨询委员会所有成员以平等的发言机会和相应的决策权力。

第三，课程领导共同体机制。确立课程领导的理念，通过学习化环境的建立，提升课程领导共同体成员参与课程编制的能力。要创造出一个利于教师终身学习和合作学习的环境，使他们在不断学习的过程中，提高自己参与课程编制改革的能力。

课程改革赖以发展应坚持两条主线：一是来自政府的自上而下的行为和责任；二是来自各阶层、各界的自下而上的，社会广泛的共同参与。课程领导理念的确立，其对于大学课程编制改革的最大启迪和现实意义就是要确立起民主的课程改革思路，充分重视“第二条主线”在课程改革中的重大作用。

第四，网络平台信息共享机制。要形成一个科学、合理的专业培养方案，不仅需要我们尽可能地知晓现有培养方案的缺点与不足，还需要我们听取来自多方面人员的合理建议。

第五章　大学课程制度发展研究与改革

制度即规程，是指在一个社会组织或团体中要求其成员共同遵守并按一定程序办事的规程。制度建设是一个制定制度、执行制度并在实践中检验和完善，在理论上没有终点的动态过程。在这个意义上讲，制度没有最好，只有更好。课程制度是学校共同遵守的、落实课程计划和课程方案、有效促进学校课程实施与课程开发、课程管理与课程评价的一系列规程和行为准则，是学校实现课程自主更新的机制。大学课程制度一直沿用了刚性的课程制度，即在课程管理中主要是通过各项政策、法令、规章、制度形成有序的行为，强调以外在的规范为主。管理者的意志通过具体条文体现，一切行为都有章可循，具备很强的可操作性。柔性课程制度是相对于刚性课程制度而言的，它的管理理念强调以人为本，以人性化为标志，带有浓郁的人文色彩。

第一节　大学课程制度发展研究缘起

一、新制度主义研究范式的兴起

自20世纪70年代以来，新制度主义作为一种研究范式在全世界范围内悄然兴起。迈耶和罗恩是组织社会学领域新制度主义的创始人。新制度主义认为："组织同时受到制度环境和技术环境的双重作用，在技术环境中效率机制起作用，而在制度环境中合法性机制起作用。"①西方社会科学重新发现了利用制度分析来解释和说明社会现实问题，进而形成了新制度主义分析研究范式。这种分析范式被研究者广泛地运用到各种领域，形成了制度经济学，制度组织学和制度教育学等新领域，将制度研究方法论引入教育研究，

① 张永宏.组织社会学的新制度主义学派[M].上海:上海人民出版社,2007:15.

为当前教育研究带来了新空气。

二、大学课程制度是现代大学制度的组成部分

走进社会中心的大学需要建设现代制度，关于现代大学制度的思考一直是高等教育理论界的热点问题。《国家中长期教育改革和发展规划纲要（2010—2020）》专门讲到建设现代大学制度的问题，指出完善中国特色的现代大学制度建设涉及大学运行机制、教师管理制度、学生管理制度和研究生教育制度等方面。课程制度作为大学运行机制的基础，其研究成果在实践上能对高校课程改革成果起着保障和推进的作用，在理论上也是对现代大学制度建设理论的补充和丰富。

三、大学课程制度是大学课程发展的标志

纵观人类社会发展史，那些具有划时代意义的进步无疑都与制度创新有关。制度是一种资源，好的制度能产生好的结果，坏的制度产生坏的结果。如果将制度作为一种优质社会经济资源，其变革能对组织带来巨大的正面效应，这种结果是其他任何层面的改革都不能取代的。尽管课程论作为独立的学科形态的地位如今已经确立，然而在具体的课程论研究中，很少有课程论专著将课程制度作为专门问题进行论述。不仅在我国，即便是那些课程研究起步较早的发达国家也是如此，因此研究课程制度建设对教育改革、课程论的丰富和完善都有着重要的意义。

四、大学课程制度研究是高校课程实践的要求

课程制度建设首先是一个制度实践问题，而非纯理论问题。大学课程改革是近年来高等教育改革的热点问题，正所谓“改到深处是制度”，富兰曾指出，制度化是在大规模变革的基础上累积起来的，这一阶段需要花费五到十年的时间[①]。通过实证调查研究，可以发现课程实施中存在的一些问题，找到解决办法。但更为重要的是，我们应通过建设和完善学校课程制度并不断创新，来支撑和保障新课程的改革，从而确立新的课程秩序，这样才能实现课程变革的可持续发展。

① 尹弘飚.论课程变革的制度化——基于新制度主义的分析[J].高等教育研究，2009(4):75-81.

第二节 大学课程制度的发展

一、大学课程制度生成与制度变迁

1. 制度生成

凡勃伦认为制度是“广泛存在的社会习惯”①，建立在人们主观心理基础之上，受本能支配，随着环境的变化而变化。纵观人类制度发展历史，制度的产生往往有两种途径：一种是依赖于人类社会生活及生产劳动长期经验而形成的制度。哈耶克的渐进制度生成理论指出制度是自发生成的，在各种人际关系中，一系列具有明确目的制度的生成，是极其复杂却又条理井然的，然而这不是设计的结果，而是产生于诸多并未明确意识到其所作所为会有如此结果的人的各自行动，比如价值观念、伦理道德、风俗习惯等，是通过在社会生活中以渐进式反馈和由此产生相应调整不断演化发展而来，这种沿着稳定路径演变的制度被称为内在制度。另一种是人为设计的制度，社会通过选举产生一批政治代理人，由这些代理人设计制度并强加给社会，依靠强制性的法律手段来保证实施，这被称为外在制度。康芒斯在其著作《制度经济学》书中认为制度是“控制个体行动的集体行动”②，集体为经济生活中的个体建立一个“行为规则”以指导和约束个体行为，使个体行为符合集体的利益。在现代政治学理论中，制度是内在制度与外在制度的统一体，反映着共同体内的一个人与其他人关系的主观理解，完全依赖于社会所主张的文化观念来认可并支持某种制度。

2. 制度变迁

制度变迁，从效益的角度来说，就是由低效益向高效益转变的过程；从制度本身发展的角度来说，就是扫除妨碍制度停滞与僵化的各种障碍性因素。制度变迁就是制度本身为了不断增强其合理性而不断发展和完善的过程。一方面制度变迁要体现新的价值观与理念，具备社会认同的公正、公平

① 梁木生. 论市场的机制及其制度构造[J]. 东南学术，2002(3)：95.

② 陈赵云. 从康芒斯的《制度经济学》看康芒斯制度经济学的特色[J]. 管理与财富，2009(2)：12.

性；另一方面制度的整合功能不断加强，逐渐稳定，可持续在一定范围内发挥作用，以高效运作来发挥更大的制度功能与价值。制度观念在制度变迁中起着重要的导向作用，它通过预设制度的逻辑框架与价值评判体系为制度的产生和运作提供了价值定位和合理性论证，但制度变迁的真正推动力来源于制度实践，正是由于在制度实践的过程中产生了新的现实需求，才使得制度不断地获得修正和渐趋合理。

制度演化理论认为制度在发展路径中存在着惯性及依赖性，新制度脱胎于旧制度，必然受到其影响，这种影响有积极的一面，亦存在消极的成分。因此我们有必要考察某一制度的发展路径，这对新制度的建立与实施有重要意义。

二、我国大学课程制度思想的发展

课程制度的确立，可以说正是某种课程理论的制度化。课程制度建立的过程，首先是先进的课程思想通过指导实践，并最终在实践中得到检验，总结并升华到制度的高度。没有制度化保障的课程思想可以说是无用的，课程思想只有经过制度化，才具备可操作性和可接受性。

1.清末民初“经世致用”的工具主义课程思想

鸦片战争打破了清政府闭关锁国的状态，面对国家危亡，一批先进的封建知识分子提出“师夷长技以制夷”，强调学习近代西方的先进技术。京师同文馆（1862年）、福州船政学堂（1866年）、中西学堂（1895年）等纷纷筹办，这些主攻语言、军事和技术研究的高等学堂，可以说是中国近代大学的雏形。“中体西用”是当时发展高等教育的根本目的。在“经世致用”工具性课程思想的指导下，在课程内容方面没有文科、社会类课程，技术课程得到一定的重视。那时学堂的生源极少，学生报考动机也主要是为了获取功名而不是投身学术。“大学堂虽设，不过略存体制。士子虽稍习科学，大都手制艺一编，占毕咿唔，求获科第而已。”[①]在“中学为体，西学为用”的指导思想下，没有触及制度的变革，仅仅是表面的学习，注定了改革的失败。

① 喻长霖.京师大学堂沿革略[M].北京:人民教育出版社,1998:128.

2.民国时期功利主义课程思想

蔡元培及其对北京大学进行的改革实践，其课程思想成为这一时期大学课程改革的主导思想。蔡元培提出大学乃“研究高深学问者也”，学生应以研究学术为天职，而不是将大学视为升官发财之阶梯。从这一宗旨出发，在大学课程思想上，尤为推崇基础知识的教学。在选聘教师方面，任人唯贤，兼容并包；在课程管理方面，实行选修制，本科生完成一定的学习任务就可以毕业；设系，由教授选举系主任；教授治校，设评议会和教授会；在课程内容上，中西文化并举，积极学习国外先进的科学文化。

3.新中国成立后大学课程思想制度化的发展

1949年，新中国成立后，强调教育为无产阶级政治服务。这一时期大学课程思想的政治色彩浓厚。

改革开放后，随着经济的迅速发展，高等教育与经济建设的联系日趋紧密，对社会经济的干预和影响越来越大，逐步由社会的边缘走向中心，这一时期大学的课程思想主要是实用主义。大学课程的经济价值逐渐得到了社会认可和重视。这一时期大量实用型、应用型，以及跟经济建设直接相关的课程的设置与兴起充分反映了这一时期大学实用主义的课程思想。

进入21世纪，随着哲学界主客体问题的讨论，人学研究的发展和深入，以及高等教育课程理论的进一步发展，大学课程思想开始更为关注课程与人的发展之间的内在联系，用人性化的角度来管理和审视大学课程逐渐成为主流的课程思想。

4.课程思想发展趋势对大学课程制度建设的影响

课程制度创新的首要任务是课程思想的创新。课程传统包括课程思想、课程制度和方法。课程思想不仅指导每个教育者的行为，还影响着课程制度的制定和实施。进入21世纪以来，大学课程思想研究也发生了重要变化，呈现出以下6个趋势：

第一，从关注学科内容体系的建设到更关注学习者的经验和体验，提出课程的会话功能，强调多元价值。

第二，强调“过程课程”，由于教学情境存在很多不可预期的因素，人们开始走出预期目标的限制，更多关注教学情境过程本身的教育价值，推动人的创造性得到最大的发挥。

第三，从重视教材建设到强调教师、学生、教材、环境的整合。课程由此成为一种动态的、具有适应性的系统和文化。

第四，显性课程与隐性课程并重取代只重视显性课程。显性课程又称为“正式课程”或“官方课程”，是根据国家或地方教育行政部门所颁布的教育计划、教学大纲而制定。隐性课程作为非正式的、非官方的课程，主要指学习环境中非预期性的知识、价值观、规范和态度等对人的发展的影响。

第五，强调实际课程和空无课程并重的趋势。空无课程是由美国著名课程论专家艾斯纳提出的概念。空无课程是指那些在学校课程改革中被有意或无意排除于学校课程体系之外的课程。艾斯纳认为在现有的课程目标中，认知目标受到重视，而情感与动作技能目标被弱化，使得相应的许多课程沦为空无课程。

第六，提倡校内课程与校外课程的整合。在信息社会，知识不再囿于学校课程的范围，学校、家庭、社会都是富有教育意义的环境，校内课程与校外课程对学生发挥着共同教育的影响。

大学课程思想发展的趋势对当前的大学课程制度建设有着重要的影响。首先，大学课程制度建设要坚持以人为本的理念，树立服务型的民主理念，充分发挥和调动教师、家长和学生的积极性。其次，大学课程制度建设要继承传统、勇于创新，将新的课程理念与现有的课程制度相结合，在发扬传统特色中创造新鲜经验，促进个性化发展。再次，大学课程制度建设要从实际出发，坚持以校为本，注重课程制度的可操作性和可行性，相关制度要相互配套，互相衔接，发挥综合整体效应。

三、我国大学课程制度的发展

课程制度调控着课程资源的配置与课程权力的分配，课程制度建设既是课程改革的保证亦是方向，因此研究课程制度变革与创新显得尤为重要。

1.清末民初的大学课程制度

1904年，风雨飘摇的清政府颁布《奏定学堂章程》，奠定了我国最初大学的课程管理框架。专设学务大臣，司全国教育事务。大学堂设经学、政法、文学、医学、格致、农、工、商8科，共46种专业。学生可以跨专业选修课程，各专业有两种课程，分别为主课和辅助课，共计771门课程，分3年修完。毕业时提交自著论说、毕业课艺，工科学生还须交一份毕业图稿设计。这可以算是我国大学课程有主修、副修、选修和毕业论文的最早规定。这一时期的课程管理体制特点是由国家全权控制、整齐划一，学术齐，课程一，教科之书，定于国家。

2. 民国时期的大学课程制度

1912年，南京临时政府成立，设教育部，蔡元培任教育总长。教育部设三司，分别为普通教育司、专门教育司和社会教育司，其中专门教育司负责大学事务、授予学位等事宜。

1913年《大学规程》颁布，具体规定了大学分科、学习科目、修业年限等方面。大学分为7科，47种专业，共开设1 105门课程，修业4年，其中绝大部分都是必修课，各大学必须修习。改革和删除经学等守旧课程，增加反映西方文化精神和近代自然科学技术的科目，课程体系已更趋完善。课程设置渐由从完全学习日本模式转向以学习欧美模式为主。

1919年，大学引入美国学分制、选修制。规定本科4年学满80个学分即可毕业，必修课、选修课各占一半。选修课可以选修本系或外系课程。1922年壬戌学制规定大学施行选科制。1924年，教育部颁布《国立大学条例》中规定，国立大学设教授会规划课程及其进行事宜。各校自行规定课程，大学享有充分的课程自主权，统一的国家大学课程设置标准基本被废除。

1928年，《大学规程》（修订）颁布，规定大学一年级设置基本科目学习、不分系。共同必修课为党义、国文、体育、军事训练、外国文。学生每年所修学分必须限制，不得提早毕业。1929年，组织成立大学课程及设备标准起草委员会，目的是建立统一的大学课程标准。同时积极推行党化教育，1931年公布《三民主义教育实施原则》，要求课程设置应以国家建设需要为先。这一时期主要是收回大学的课程自主权。

1938年，教育部公布了《文、理、法三学院各学系课程整理办法草案》，规定了高校课程设置原则，对高校课程设置影响颇大。它统一了课程设置标准，要求大学必修及选修课程都在教育部规定的范围内选择实施，第一年注重基本科目训练，第二年起分系。这一时期通过统一的课程标准的设置，课程管理权力由分散走向了统一。

3. 新中国成立后的大学课程制度

1953年，中央政务院颁布《关于修订高等学校领导关系的决定》，规定高教部统一领导全国高校工作。1958年国务院《关于教育事业管理权力下放问题的规定》发布，建立起了有限的地方分权体制，学校对课程依然没有管理权。20世纪50年代大学改革形成的教学制度，实际是以专业为中心，按照教学计划有步骤地开展教学活动，为以后我国大学课程改革的基础。1966至1976年，大批专业和课程遭到停办，课程设置混乱不堪。20世纪70年代后期，教育开始步入正轨，国家收回对课程的管理权，制定了统一的全国课程标准。1980年发布《关于加强高等学校学生思想政治教育工作的意见》，这段时期国家对大学课程重在微观管理，关于各学科教学计划、教学大纲等课程政策相继出台。如1980年《关于修订部属综合大学理科专业（四年制）教学计划的意见》、1981年《全国高等农业院校农学专业教学计划》、1981年《关于高等医学院基础学科制订教学大纲的几点意见》等。这时的高等教育政策与计划经济是相互适应的，强调统一性。

进入20世纪80年代，随着经济体制的变化，一系列课程政策相继出台，如《关于改革学校思想品德和政治理论课程教学的通知》（1985年）、《关于高等学校思想教育课程建设的意见》（1987年）、《关于加强和改进高等学校马克思主义理论教育的若干意见》（1991年）等。

1986年，教育部公布《普通高等学校设置暂行条例》，规定高校各门公共必修课程和专业基础必修课程，至少应分别配备具有讲师职务以上的专人教师二人，各门专业必修课程，则应当配备讲师职务以上的专任教师一名，副教授职务的专任教师人数，应当不低于本校教师总数的10%。

20世纪90年代至今，国家对大学课程管理逐渐由微观管理转向宏观管理。1998年《高等教育法》颁布，明确了大学的权力和义务，是大学真正成为面向社会自主办学的法人主体。政府由对学校的直接管理改为运用立法、拨款、政策指导等行政手段进行宏观管理。大学在课程设置等方面有了一定的自主权，2001年北大、清华等成为首批可自主设置本科专业的高校。

第三节　大学课程制度建设案例比较

一、大学课程制度是课程改革的制度保障

课程制度的完善是对课程改革成果的保障及肯定。同样，课程改革的成

功，仅有课程思想等理论的设想是远远不够的，它还需要课程实践以外的制度支撑。制度创新架构起理论与实践的桥梁，没有制度保障的课程实践往往导致形式主义的后果，最终不了了之。

大学课程改革总是在现有的课程结构中不断添加新的课程内容，而课程的总容量是有限的，这就造成了矛盾，课程开发负担也变得沉重。针对这一现象，应“建立课程的动态机制”①，即在课程制度建设中要注意弹性化，才能使受教育者更好地适应知识的变化。正如周建忠指出“新课程的实施若没有相应配套的制度来保证，无疑是让教师戴着枷锁跳舞”②，课程改革不仅要为学生提供自由发展的人性化平台，还要给教师提供一个自由的教学园地。

二、英国安格利亚鲁金斯大学课程制度建设案例

英国的本科教育为3年，研究生教育1年，大学每年分为2个学期，即秋季和春季。每学期15周，其中课堂教学占10~12周，学生复习考试为3周。安格利亚鲁金斯大学计算机科学专业设置有课程组长负责安排各年级课程，同时设有学生指导教师，负责协助学生选择所学课程模块、安排其课程学习进度，解决学生在校学习的各种相关问题。专业课程分为全日制大学课程、业余时间学习大学课程、全日制研究生课程和业余时间学习研究生课程。

专业的培养目标如下：一是教授学生计算机科学的相关理论知识和开发技术；二是要求学生能应用所学技能和理论知识进行工程实践。当学生毕业后，要求学生掌握计算机软、硬件使用和应用系统的开发，熟练操作、维护和管理计算机及网络相关设备，面对与计算机领域相关的技术难题，能通过调研、评估，选择合适的解决方案。

① 康健.建立课程的动态机制[J].中小学管理,2000(10):56.

② 周建忠.课程改革呼唤学校管理制度的转型[J].教学与管理,2005(7):43.

表5-1 英国安格利亚鲁金斯大学计算机科学专业核心课程设置

年级	核心课程
一年级	计算机系统（Computer systems） 程序设计介绍（Introduction to Programming） 基础设计（Fundamentals of Design）
二年级	小组项目设计（Group Design Project） 面向对象程序设计（Object Oriented Programming）
三年级	毕业设计项目（Undergraduate Major Project）

每个核心课程模块有15~30个学分，除此之外，还有可选课程模块，将学分进行累加，达到一定学分，学校给予一定的证书，如学生修够120学分，可申请授予国家高级证书HNC；修满180学分，可申请国家高等教育文凭HND；修满360学分，可获得荣誉学位。学生在学习初期如有转专业的意向，所获得学分可以灵活地转入其他系部。如果课程内容所学一致，来自英国其他高校或欧盟的学生到校可以免修部分课程。对于全日制学生，个别课程模块也可以申请以业余学习方式进行。完全业余学习的学生与全日制学生一起上课，享受相同的在校权利，但不同在于学习时间较长，学制最长6年，每学期完成60学分，即2~3门课程的学习。以课程计算机网络原理为例，课程30学分，教师授课72学时，学生完成实验及在家远程学习的时间为228学时，从课时分配上充分体现培养学生自主学习课程的能力。

三、我国海南大学课程制度建设案例

1.课程简介及教学目标

以海南大学“计算机网络基础”为例[①]，“计算机网络基础”是电子信息工程、计算机科学与技术、通信工程、信息与计算科学专业的一门专业技术

① 数据来源于海南大学教务处http://www.hainu.edu.cn/stm/zy_jwc/2005712/13463.shtml。

基础课程。本课程的主要任务是讲授计算机网络的基础知识、基本理论和关键技术，内容包括计算机网络的组成和原理、体系结构与协议、物理层、数据链路层、局域网、广域网、网络互连、运输层、网络应用、Internet的演进等。通过本课程的理论学习和实践训练，可以使学生理解计算机网络的体系结构和网络协议，掌握组建局域网和连接Internet的关键技术，培养学生初步具备局域网设计、组建及网络应用的能力，并为后续课程的学习打下良好的基础。

2.学时与学分

本课程总学时为68学时，3个学分。其中理论讲授40学时，专题讲座6学时，课程论文4学时，实验课18学时。理论讲授：实践教学≈3：2。实践教学环节包括：实验课18学时（课时单列）。布置课程论文2学时、讲评课程论文2学时，学生课后撰写课程论文的时间不计入教学总时数内。专题讲座6学时，分3次进行。现场参观校园网络设施，不计学时数。学生到课程网站在线学习、答疑、讨论、做练习等，不计学时数。

3.教学手段、教学方法和学习要求

该课程教学的组织方式包括四大部分：基本理论课、实验课、互动学习、撰写课程论文。课外学习包括课前预习、课后复习、课后作业（或思考题）、实验报告和撰写课程论文等。

4.考核方式及成绩评定方法

本课程考核由期末卷面考试、平时抽查、平时作业、实验过程、实验报告、论文撰写等部分组成。其中，期末卷面考试采用教考分离闭卷方式（试卷库抽取试卷）。期末考试：70%；平时成绩（含平时考勤、提问、作业）：10%；实验：10%；

论文撰写：10%。

四、大学课程制度的比较

在培养目标方面，两者都强调的专业能力和专业知识的培养。前者较后者更强调学生解决分析问题的实际能力。从课时分配上看，前者更强调学生的自主学习能力培养，后者课时分配紧凑，强调按章节知识教学。在教材方面，前者由教师指定，无教材，后者对教材有明确的指定，参考书目前者更多地结合了网站、企业网络链接等渠道。在教学方法和活动方面，前者强调培养学生围绕某个项目解决问题的能力，通过和企业合作，采取顶岗实习等手段，培养学生实践能力。后者主要是通过基本理论课、实验课、互动学习、撰写课程论文来进行教学，通过实验课来培养学生动手能力，两者比较，可明显看出国外高校更注重学生动手、实践能力的培养，课程作业往往是围绕某个项目建设为主，而不是写课程论文。

在学分制实施方面，前者可以互换学分，允许转专业，并承认已修学分，单门学分值达30分，但学时更长，教师讲授72学时，学生实验及在家远程学习228学时。而后者课程总学时为68学时，3个学分。其中理论讲授40学时，专题讲座6学时，课程论文4学时，实验课18学时。

总体上看，安格利亚鲁金斯大学的课程制度更注重培养学生的动手实践能力，学生自主学习时间充沛，学习方式多样化，充分运用网络等媒介，可选择在家远程学习，而海南大学更多地围绕在知识教学方面，学习方式也主要是课堂教学。

第四节　改革我国大学课程制度的对策

一、大学刚性课程制度和柔性课程制度并举

1.刚性课程制度

刚性课程制度，即在课程管理中主要是通过各项政策、法令、规章、制度形成有序的行为，强调以外在的规范为主。没有规矩，不成方圆，科学的刚性课程制度是学校课程管理的基础，便于管理者操作。刚性课程制度的特点集中表现在重权力、重制度、重量化，忽视人文因素，忽视了对管理主体及其能动性的正确把握。

2.柔性课程制度

柔性课程制度是相对于刚性课程制度而言的，它的管理理念强调以人为本，以人性化为标志，是在研究人们心理和行为规律的基础上采用非强制方式，在人们心中产生一种潜在的说服力，从而把组织意志变为人们自觉的行动，带有浓郁的人文色彩。柔性课程制度有着鲜明的特征：质的方面表现为

模糊性，绝大多数情况在中间状态游离；在量上表现为非线性，叠加原理不起作用，1+1不等于2；在方法上强调感性性，权力影响失效，等级观念淡化；在效果上表现为“滞后性”，立竿见影原则失效。它的基本原则是：内在重于外在，个体重于群体，身教重于言教，肯定重于否定，激励重于控制，务实重于务虚。

柔性课程制度的特点表现在：

①关注个性化教育。所谓个性化教育，就是“要充分注意学生的差别，承认学生在智力、社会背景、情感和生理等方面存在的差异性，了解其兴趣、爱好和特长，并根据社会要求适应其能力水平进行教育，使之得到发展，反对强求划一式的教育”①。在刚性课程制度中，管理是以定额定量指标为目标，而柔性课程制度倡导以人为本，强调因人而异、因材施教。

②注重情感关怀。刚性课程制度是以强制性的规章制度和行为规范约束人，而柔性课程制度是通过非强制性的方式，引导、发挥人的潜力。在现代管理中，情感管理是以人为本管理的重要内容。情感管理注重人的内心世界，核心和目的是激发人的积极性和创造性。在大学课程制度中实现情感管理，就是要用管理者的真情去换取师生的真情，营造互相信任、互相关心、互相支持的氛围。

③具有激励作用。根据马斯洛的需求层次理论，人类的需求分为生理需求、安全需求、社交需求、尊重需求和自我实现的需求。其中，尊重需求、自我实现的需求是高层次需求，属于激励因素。柔性课程制度正是为了满足师生高层次的需求，因此具备激励作用。

二、改革大学课程制度的理论基础

1.博弈理论

胡东芳认为：“课程权力是根据一定的目的来影响课程行为的能力，也是一种权威性的力量，依靠这种力量可以在课程方面造成某种特定的结果。它主要包括课程政策制定中的参与权、课程编制开发权、课程决策权、课程专业自主权以及课程实施权等。它具体体现在课程计划、课程标准以及教科

① 崔铭香.终身教育与个性化教育[J].河北师范大学学报,2003(5):39-43.

书的制定、决定和使用之中，也体现在课程内容的选择优化过程当中。”[①]

2. 制度伦理理论

制度伦理，“是指一定的制度赖以建立和存在的伦理基础以及制度中所蕴含的伦理追求、道德原则和价值判断”[②]。制度伦理的基本含义是制度的合道德性，制度伦理所强调的是一定制度框架制度设计和安排对人的行为方式的制约和影响，代表了当代伦理研究对象由个体向社会的重大转向。

简单地说，只有符合道德的制度才算是好的制度，也即制度的安排必须具有正当性合理性，只有体现公正的制度才可以算得上好的制度，才可以维持社会关系的良性延续。在现代社会，教育公正的诉求是最重要的制度伦理。课程改革也就是要通过对课程制度的合理设计和安排，体现课程资源平等享有的精神，使社会成员都可以人人平等地享受高等教育发展的成果，使高等教育能够为每个人获得全面发展提供机会。大学课程制度建设中的制度伦理诉求表现在：

（1）公正

公正是伦理学中最基本的范畴之一，是任何制度都必须遵循的普遍性伦理原则。公正分为个人公正与社会公正。个人公正是指个人的一种优良品德，亚里士多德曾指出：“在各种德行中，人们认为公正是最主要的，……公正是一切德行的总汇。”社会公正则是对一定的社会结构、社会关系等的一种伦理意义上的评价，包括政治公正、经济公正、制度公正等。对大学课程制度来说，公正既是大学课程制度的基本价值目标，又是评价其是否合理、正当与否的首要标准，是衡量其合理性的基本尺度。大学课程制度的公正性表现在3个层面，即实质公正、形式公正及主体行为的公正。课程制度实质公正是对大学课程制度规则体系的实质性内容的公正性要求；课程制度形式公正是对大学课程制度制定、执行及评价程序的形式公正性要求；课程制度主体行为的公正性则是对大学课程制度主体在进行课程活动时的行为公正性要求。这3个层面相互依赖、互相补充，共同构成了完整的高校课程制度公正系统。

---

① 胡东芳.谁来决定我们的课程？——主要国家课程权力分配比较研究[J].外国教育研究,2005(5):29.

② 邢伟荣,唐长河.基础教育课程改革的制度伦理探析[J].教育理论与实践,2009(1):16.

（2）学术自由

自由是人类最古老和基本的价值目标，更是人类最基本的伦理精神。在人类发展史上，“文化上的每一个进步，都是迈向自由的一步。”尽管制度可能会是限制和约束自由的工具，但它绝不会将个人的普遍自由化为乌有。相反，社会整体的自由需要制度来保障。这是因为，绝对的自由是根本不存在的，一切自由都是相对的。自由本身是在遵从制度前提下的自由，而制度成了保护个人自由权利的坚固屏障，使自由的可能性变为现实。因此，制度是以自由价值为基本目标的。

从中世纪以来，大学对学术自由的追求从没有间断过，这是由大学组织的学术性本质所决定的。学术自由也就成了大学崇高的伦理目标和理想，更是高校课程制度的基本伦理意蕴。尽管现实中充斥着一些制度规则对学术自由极端摧残的事实，但课程制度的伦理诉求永不会因外界压力而放弃学术自由的权力。

3.大学课程权力分类理论

联合国教科文组织国际教育委员会认为，群众参与教育事业的管理有如下一些人：教师和家长；科学家、教育学家、心理学家、儿童专家和其他人们；大学生和一定年龄的中小学生；行政人员和其他职员；有过某种训练的雇佣人员以及各种青年组织、公会、政治团体和其他组织的代表们。可见，课程权力广泛存在于社会各阶层人民之中。为了更好地分析课程权力，我们用合法性、影响力、所有者3个维度来划分权力主体。

（1）合法性维度

所谓的“法定权力”，指的是在政府的规章制度、国家的法律文件中规定的某部分人可以通过某种手段来实施对课程的影响。所谓“非法定权力”，指的是政府虽然没有明文赋予公民或团体相关的课程权力，公民或团体事实上却拥有某些能影响课程的力量，如出国留学的行为、选择大学专业的行为等。美国纽约州立大学教授辛格认为，权力的运行并不需要政府或官方的授权。她说：“任何人拥有的某项权力，该权力不须经由国家或政府授予，……权力并非经过正式授予或制定之后才具有可操作性，而是在社群成员尊重它们之后。权利可能具有可操作性，但不合法；或它可能合法，却不具备可操作性。”

官方的课程权力是通过法律法规或部门的规章制度规定下来的。非官方授权的课程权力则是通过社会或社会成员群体的一致认同而获得存在的合理依据的。普通人对课程的某些方面，如价值观，编制质量等的要求能否转化为权力，关键是能否获得政府的政策承认，并予以相应的机制保障。

（2）影响力维度

蒋建华从权力作用的范围和权力作用的过程出发对课程权力作了划分。他认为，从权力作用的范围而言，包括课程计划、课程标准和教科书。对这3种载体，权力的表现为建议、编制和审查。相应地，则产生9种权力：课程计划的建议权，课程计划的编制权和课程计划的审查权；课程标准的建议权，课程标准的编制权，课程标准的审查权；教科书建议权，教科书编写权，教科书审查权。从权力作用的过程而言，则包括决策、实施、评价3个环节，这3个环节派生出决策权、实施权和评价权。这样，从权力作用的过程则可以派生出课程计划的决策权，课程标准的决策权，教科书的决策权；课程计划的实施权，课程标准的实施权，教科书的实施权；课程计划的评价权，课程标准的评价权，教科书的评价权。

这种分类启示我们，可以从课程的产生流程出发将人们对课程的影响分成如下权力：影响课程价值观的权力、组织课程内容的权力；编制课程的权力；影响课程实施的权力；评价课程的权力。这几种权力还可以归纳为课程决策权力、课程实施权力、课程评价权力。其中最主要的就是课程决策权力和课程执行权力。

另外，从影响程度来看，可以将课程权力分为主导权力、非主导权力。毫无疑问，政治家和专家的课程权力是最直接的主导权力。社会大众的权力、教师的权力则是非主导性的权力。虽然是非主导权力，但并不代表它不重要。

（3）所有者维度

课程权力是属于不同主体的，从所有者维度来看，可以将权力主体分为官方的课程权力、社会的课程权力、专家学者的课程权力、教师的课程权力。

这其中，政治家作为社会的主导力量，必然会对课程施加强大影响，这是毋庸置疑的。他的声音一定能得到体现。专家学者的思想则代表了这个时代对教育、对思想文化的较高认识水平。他们同时是课程的编制与创造者。社会作为课程存在和发展的基础与条件，也对课程施加重要的影响。而教师则是课程的实施者，对课程能否真正落到实处意义重大。

需要指出的是，社会课程权力是一个宽泛的概念。社会不是一个具有行为意识和行为能力的主体。因此，社会课程权力主要体现为社会构成人员的课程权力（不包括官方、专家、教师等人）。如家长的课程权力就是社会课程权力中重要的一种。

4. 弹性化学分制理论

（1）完全学分制

完全学分制是以学分为单位来衡量学生学习的量，只要修满规定的学分数即可毕业，而不设定修业年限。完全学分制是一种较为人性化的教学管理制度，使学生在学习过程中拥有较大的自主权，满足不同学生个性发展的要求，它突破了学年限制，学生可以断断续续地修读一个专业，也可以同时修读两个专业。

（2）计划学分制

计划学分制的特点是对基础课和部分必修课做出规定，但选修课不设上限，类别多样。计划学分制在发挥欧美学分制的灵活性的同时又强调计划指导。学生修满学分可提前毕业，反之，也可以滞后一定时间毕业。必修和选修的比例控制在7:3左右。

（3）学年学分制

学年学分制可以说是传统学年制与完全学分制的一种折中形式，因为它在实行学分制的同时，相应地规定了修业年限。它规定了学生每学期和每学年的所应修得的学分数都有相关的规定，不允许修满学分者提前毕业，立足于班级教学，选修课门数不多，学生选课的自由度不大。

（4）复合学分制

复合学分制是按教学阶段或课程类别分别采用学年制和学分制的某些管理办法。其特征是分阶段实行学年制和学分制。主要有两种形式：一是大一和大二实行学年制，大三和大四实行学分制；二是必修课实行学年制，选修课实行学分制。这样既能满足学校教学目标的计划性，又能体现选课方面的灵活性。复合型学分制主要在少数工科或医学院校采用。

（5）全面加权学分制

全面加权学分制对学生诸方面的要求都用“学分”量化，加权即把计划中的学分，根据课程差异分别确定权重或加权系数。计划学分乘以加权系数即得实际学分，计划学分用于学籍管理，加权学分用于衡量学习质量的优劣，作为评奖、评优的依据。

三、改革大学课程制度应遵循的基本原则

课程制度建设首先是一个制度实践问题，而非纯理论问题。学校课程制度创新的依据、现有学校课程制度存在的问题、课程制度演变的规律等都是课程制度生成的基础。

1. 合法性原则

制度的合理性最终要回归到现实的合法性上，否则也只是不切实际的空中楼阁。韦伯对于合法性的定义是："一种秩序系统的存在取决于它是否有能力建立和培养其成员对其存在意义的普遍信念。合法的适用可能由行为者们归功于一种制度，或基于传统、或基于感情的信仰、或基于价值合乎理性的信仰、或基于现行的章程。"[①]简单地说，合法性表明一种秩序系统获得了其内部成员的忠诚和一致认同。课程制度首先要承认其自身的尊严性，它建立在对合理性基础的验证上，需要一定的权力来加以保障。学校课程制度是课程价值观的体现，它的合法性体现在，它是否获得了学校课程主体的认同，是否得到课程主体成员的积极支持。因为在同一学校课程制度环境中，不同课程主体的所处地位不同，课程制度的合法性主要集中在选择某种课程制度的理由是什么，所以这就涉及课程制度的目标定位与价值选择。一般来说，课程制度的合法化程度越高，其强制性的程度就越低，反之亦然。

2. 合理性原则

按照黑格尔的理解，"抽象来说，合理性是普遍性和单一性相互渗透的统一。按其内容来说，合理性是客观自由（普遍的实体性意志）与主观自由（个人知识与其追求特殊目的的意志）两者的统一。总之，合理性就是根据被思考的即普遍规律和原则来规定自己的行动"[②]。一般来说，合理性包含3个方面：首先是工具的合理性，即通过选择正确的手段达到目的，手段即目的。课程制度的工具合理性体现在调整学校课程关系、确立相应课程秩序、课程可持续发展三者之间的合理性。课程制度主要集中考虑制度运行的

① 马克斯·韦伯.经济与社会(上卷)[M].林荣远译.北京:商务印书馆,1997:66-67.

② 黑格尔.法哲学原理[M].范扬译.北京:商务印书馆,1961:254.

具体环境和条件、课程发展的适当性，而忽视课程制度的根本目的和意义。其次是价值合理性，哈贝马斯把正确性、真理性等作为主体交往间合理的内在尺度，实际是衡量行动是否符合自己的价值标准。课程制度的价值合理性，是指课程制度只考虑课程目标与课程制度之间是否具备内在一致性，它直接将学校课程制度与一定的课程价值目标挂钩，而不考虑为达到课程目标所付出的代价、条件与可能性。最后是规范合理性，通过理性规范和调整目的与手段、活动与结果、长期与近期、理论与实践的四组关系，达到最高意义的合理性。学校课程制度的规范合理性是一种更高和更新的合理性，它通过协调工具合理性与价值合理性而产生，实现从课程理念或价值观到学校课程制度规范再到学校制度实践的有机转化。

四、改革大学课程制度的措施

1. 制定大学课程开发制度

（1）明确课程开发主体

第一，教师。教师作为课程资源的生命载体，是课程资源开发的主体和基本力量。教师的能力、风格和课程哲学观的不同都将影响课程资源开发。在能力方面，新教师倾向于知识资源的开发，而专家教师倾向于融合多元的课程资源。在风格方面，不同教学风格的教师会根据教学内容的需要选择适合自己的课程资源，课堂驾驭能力强的教师会更加重视教师自身的资源、来自学生的资源和课堂互动中生成的资源。在课程哲学观方面，不同课程哲学观的教师选用课程资源的多样性存在差异。当教师只把课程作为一门学科时，文本型课程材料选用的可能性较高；当把课程作为学生的学习经验时，课程材料的选用相应地会重视学生自身的体验；当把课程作为师生间的对话时，动态的课程资源将得到青睐。

第二，学生。学生是课程的主体，课程资源开发的最终目的是促进学生的发展，而在某种意义上来说，学生也是一种重要的课程资源。当开发和选用课程资源时，教师首先会考虑学生的特点，如学生的原有的知识结构、经验等，因材施教。学生的特质是影响课程资源开发的直接因素。

第三，政府。政府影响课程，有两个重要的渠道：钱和宣传。

第四，出版社。在课程开发领域，除了上课教师之外，在许多方面最有影响的群体是出版商。他们出版的最有影响的资料是教科书。教科书不能被视为典型的课程，但无疑是相当重要的课程资料。出版商不仅开发教科书，还越来越多地开发他们认为将在学校中畅销的、用于教学的多媒体教具。这些资料有录像带、电影胶片、磁带、计算机软件、供陈列用的图片和教育游戏等。

第五，课程设置委员。在美国大学课程开发的审批程序中，有两个机构起着非常重要的作用：一是系一级的课程设置委员会，该委员会一般由3名具有终身教职的教授组成；二是院一级的课程设置委员会，该委员会一般由9个人构成，成员包括学院主管领导、学生代表和具有终身教职的教师。教师申请开设课程前，须将完善的课程大纲提交到系课程设置委员会，由委员会对该课程进行评审。如评议通过，需要上报到学院。

（2）制定科学的课程开发流程

第一，确定指导课程开发的原则。开发任何课程都要处理好以下三者间的关系：处理好社会需求、学生发展、知识体系之间的辩证关系。新课程的开发既要满足一定的社会需求（包括社会、社区、家长、民间团体等），这是课程开发的外部动因；又要满足学生发展的需要，这是课程开发的内部根基，也是顺利实施课程的重要保证；还要考虑知识的体系化要求，因为任何杂乱无章的知识、内容是无法最大限度地实现其应有的育人价值的，当然这种体系化必须与学生的心理发展相适应。

第二，了解有关需求。首先，课程开发最重要的工作就是了解学生发展需求。要想知道学生的真实需求，调查者必须摒弃“价值预设”，即想当然地预先设想学生们“应该”需要什么，在设计调查问卷或访谈时，应多设计一些开放的问题，尽可能地让学生的各种情况自然地表现出来。然后将这些信息适当归类，仔细梳理分析，逐步提炼出“课程框架”。其次，了解学校的现状也是课程开发十分重要的基础。一方面，学校现有的物资设备、教育资源、活动空间等是课程开发的物质基础，学校的发展定位（如学校的特色建设、学校的发展规划等）则直接影响到课程发展的方向以及深度与广度。另一方面，校长的办学思想和教师队伍的素质是学校现状中最重要的因素，他们对校本课程开发起着至关重要的作用。必须深入调查教师的素质，他们课程开发的能力，而不能仅依靠教师的学历、专业来臆测。最后，真实地了解社会需要。如社会对该校的期望、家长的资源及其态度、社区资源及其要求等，这些都是校本课程开发的前提条件。

第三，确定课程目标。研制课程目标的工作大体如下：首先，根据社会、学校等方面的要求、学生的现状以及课程专家的建议，确立课程目标的框架及要素。课程目标包括总体目标、一般目标和特殊目标，是由高到低的具体化。其次，针对某一门特定的课程或活动，将目标要素转化成一定的"表述形式"，即目标的指标化、清晰化，一般可以用"行为动词"来表述目标，如认知性目标、"情意性目标"（如情感、态度、价值观方面的目标）等。最后，设计课程目标的层级序列，即不同年级的目标要有不同要求。这个目标设计可以相对粗放一点，可以按低、中、高3个层级来设计，也可以分成2个层级，不管怎样，一定要有区分。

第四，选择和组织课程内容。根据目标以及当时的社会、社区、学校的特定情况，选择基本的课程内容。所谓"基本的"，是指这些内容既是最集中地表现了目标及社会的要求，体现出一定的"预成性"或"刚性"，又不能完全使内容只服务目标，而要使内容具有一定的"生成性"或"弹性"，即根据特定学校、课堂、学生的实际情况，在师生互动中使内容得以创生，使学生进行个性化、创造性地学习。另外，课程内容的组织要符合知识的逻辑性和学生的心理发展水平。从组织的类型来看，可以有分科的组织和综合的组织2种。从具体的组织技术来看，则有直线式系统性与同心圆系统性两种[①]。在实际的内容组织和教学中，不存在纯粹的直线式或同心圆式，两者总是相互渗透地交织在一起。

第五，实施课程评价。实施课程评价包括两个方面的工作：一是对课程实施本身进行的评价。如过程评价上，对教师的表现、学生的表现以及学校、课堂环境等方面的评价；在结果评价上，对学生发展的评价、对课程可行性的评价等。二是对该项课程开发活动的评价，带有工作总结性质，如原则、目标确立是否妥当，课程实施过程的管理、课程评价的适切性等是否属于评价的对象[②]。

2. 确立课程权力主体制度

当前国家出台的一些有关高等教育的纲领性文件，仅规定了课程改革的一些原则性问题，没有细化到严格的操作程序。大学课程制度建设要注意以下问题：

① 佐藤正夫.教学论原理[M].钟启泉，译.北京：人民教育出版社，1996：183-184.

② 钟启泉.课程论[M].北京：教育科学出版社，2007：268-273.

（1）增加课程决策的透明性

决策的透明性可以使权力运行受到有效的监督和制约，也可以使社会大众很方便地参与决策。今后课程制度的程序建设在加强正规化和机制化建设的同时，要在内容上注意课程制度的公开化、民主化，将课程方案提早展现给公众，促进公众讨论，并建立相应的咨询制度、评议制度、听证制度，鼓励舆论的监督。有研究成果介绍了美国的教育决策公开制度，这对我国高校课程制度建设的透明化有一定的借鉴作用。1946年，美国联邦用联邦行政程序法第一次统一了制定法规的程序①。这个法律适用的范围很广，在其他法律没有特别规定时都适用。联邦行政程序法规定两种制定法规的程序，即非正式程序和正式程序。非正式程序是制定法规普遍适用的程序，正式程序用于法律有特别规定的时候。非正式程序包括通告、评论、最终法规的公布以及生效日期几个环节。其中主要的环节是通告和评论。通告是指除法律规定的例外情况和紧急情况以外，行政机关必须把他所建议制定的法规草案或其主要内容，在联邦登记上公布，供公众了解和评论。评论是非正式程序中，公众或利害关系人对已经公布的建议法规表示意见的正式渠道，是公众参与制定法规的权利。公众提供意见的方式由行政机关决定，可以采取接受书面意见，书面资料方式，可以允许口头提供意见，也可以采取非正式的磋商、会议、咨询和其他可以供公众表示意见的方式。其中书面评论是非正式程序中公众参与的主要方式。评论的期限由行政机关决定，但不能过短，否则不具有评论的价值。

（2）建立课程权力的表达机制

建立顺畅的课程权力表达机制首先要重视个体的课程意见。课程改革如要尊重并吸纳不同的声音，就必须要重视个人的权力表达。因此，在课程决策中，要设置能让单个个体能表达意见的机制，并使这一机制能切实发挥作用。可以借鉴政府行政部门的做法。如设立“领导接待日”“（相关部门）会商解决制”以及保障投诉建议“个个有着落，件件有回音”的种种措施。借鉴这些措施就是要保证课程政策的反馈机制畅通，修正机制规范，有利于课程政策接受群众的监督，始终在正确的轨道上运营。就课程权力的表达机制来看，主要方式有给个人通过撰写论文、直接上书（公民建议书）、听证会等形式。以听证会来说，它蕴含着较大的民主政治意义。

① 杨颖秀.教育决策的民主与效益问题分析[J].教学与管理,2001(2):12.

3.建立大学课程实施制度

(1)建立与国际接轨的大学学分制和选修制

第一，找准大学实施学分制存在的问题

①课程选择盲目。实行学分制以后，大学规定了毕业学分总数，达到规定的总学分学生方可毕业，并且各个高校都开设了一定数量的选修课，与刚性较强的学年制比较，学生有一定的选课自主权，随之出现了部分学生盲目选课的现象。这些学生对课程、专业、教师了解不够，也并未进行相关咨询，对课程的选择存在盲目性和功利性，结合自己专业选择课程的学生偏少，选择容易通过考试的相关课程者偏多。在课程选择的过程中，出现随便代选的现象，把获取学分作为学习的主要目的。学生对选修课的重视性不强，部分同学选修课逃课，即使不逃课的同学上课“走形式”也大有人在。

②资源配置不均。选课制是与学分制紧密联系在一起的，实施学分制的各个高校必须开设一定比例的选修课。虽然目前大学选修课的课程比例还不高，但课程量仍有所增加。课程数量增加，学生上课的时间、地点和人数都发生了变化，这就要求教室的规格多样化，并保证其他如图书种类、实验室、计算机等硬件设施也要相应增加。但是目前现有的教学资源远远不能满足学生的要求。另外，教师数量严重不足。自1999年扩招后教师和学生的比例差距更是加大。教育主管部门为此采取了一系列的措施，以确保教学质量。其中的一条，就是师生比达标要求，“规定师生比达到1∶14的为优秀，1∶16的为良好，1∶18的为合格，超过这一比例的就要予以黄牌警告，限制其招生等”。见表5–2。

表5–2　某大学在校生师比情况（2011年）

类别	本科生	研究生	留学生	继续教育学生	专任教师
数量	32 000	7 200	200	2 600	2 000
生师比	21∶1				

由于强调学科融合和资源共享，跨系和跨校选课往往十分必要，但由于我国高校之间、院系之间经济独立性强，经济实力差别较大，这样，学分之

间体现的经济价值差异大，导致对学生的收费和教师的课时报酬往往矛盾较多。

③学制缺乏弹性。实施学分制，允许成绩优秀的学生提前毕业，或辅修其他专业，获取双学位；允许学习相对吃力的学生每学期少选课，延长学制，在规定的时间内毕业即可。学分制的实施使学制具有弹性化，在理论上是比较科学的，可在我国实际操作起来还比较困难，我国目前实行学分制的大学学制缺乏应有的弹性，少数特别优秀的学生在修满学分后不能及时领取毕业证，这一定程度上影响了他们的积极性，而不能毕业的学生，学校对其重视又不够，导致延期毕业者厌学、逃学，有的学生因为延期而最终放弃了学业。

④专业限制严格。转校、转系、转专业余地小。在国外一些高校，学生若不满意自己的专业或学校，可以转专业、转系甚至转校。而目前我国大部分大学在专业上实行的是“录取定终身”制。有些大学虽然规定中途可以转专业，也仅限定在5%左右，且分数低的专业不能向分数高的专业转换。由于种种条件限制，录取后转专业的学生极少。

第二，大学学分制和选修制要与国际接轨。

①树立以人为本的教育理念。学分制是在选课制推行的基础上发展起来的，学分制产生的思想基础是尊重个人发展的教育价值观。这种价值观把尊重个体差异发展视为教育的基础，把个体和谐、自由发展视为教育的目的。主张教育要遵循学生的个性、特性和需求，通过学生个人的发展去满足国家社会对复合型人才的需求。就是在这种思想的指导下，学生可以根据自身发展选择专业、课程，决定提前毕业还是延后毕业；就是在这种思想的指导下，真正的学分制才能顺利实施。在美国的大学里，选修课占课程比重较大，课程的开设与美国社会经济、科学发展息息相关，使学生能够自由选择适合自己发展需要的相关课程。课堂教学通常是采用讲授和研讨相结合的教学方法，强调学生个性的发展，课堂上学生可以随时举手发言，反驳教师的观点并提出自己的见解。

②注意学分制中选修自由度的把握。选修并不是由学生盲目挑选，而是应该有针对性地选择。考虑到目前学生自主能力的问题，条件允许的情况下，在选课方面应给予学生更多指导。指导可分为两个方面进行：一是集体指导。由院系学生分管教学工作的副院长（副系主任）、分管学生工作的党总

支副书记、学生工作组组长、教师、教务员和学生辅导员组成院系学生学习指导中心，对全体学生定期进行集体指导。二是个别指导，由学生导师进行。个别指导要全面了解被指导学生的特点，认为这个同学的水平较高，可以多选一门，认为那个同学的水平一般，可以划掉一门。另一方面，学生在选课前要做好充分准备，了解本专业的人才培养方案、教学计划、课程设置规律与要求、课程属性，按照基本学制年限和专业人才培养方案做均衡安排。

③完善选专业制度。选专业应遵守适应性、自愿性及公平性三原则。目前我国学生在大学录取之前必须选择专业，专业选择受到考分限制、家长和同学的影响以及专业名称的引导。结合美国大学选择专业时间的情况，应该在大一结束时选择专业比较合理，这时学生通过一年的学习，对各个专业有一定了解，可以结合自己的兴趣进行理性选择。另外，制定学分互认制度。这里所说的学分互认是相对于校际而言的，实施此项制度便于学生进行“国内留学”，到不同高校的同一专业进行学习，感受不同大学的学习氛围，同时也有助于推动各大学之间的合作与交流。学分互认制度要做到合理化。其一，要纠正学分互认过程中认高不认低的现象，对不同大学中的同一专业不能有太多的歧视。其二，学校要保证其学生学分的真实性。既对学生本身负责，又表现出大学之间的相互尊重。

（2）建立弹性化的课程实施制度

第一，共同决策和参与管理。大学的课程管理活动，只有作为决策者的教学管理者和作为执行者的师生互动作用，才能促进课程管理的良性运行。首先建立专业化指导机制，组织校内外专家有针对性地、阶段性地对课程活动进行指导，以此作为改进课程的重要手段。其次，师生参与课程管理。师生既是课程管理的对象又是主体，柔性课程实施制度要让师生参与人才培养模式的建立、课程计划的制定、教学手段及方法的改革，参与院系级各项课程制度的制定等方面。

第二，实行开放性的课程实施制度，允许学生重新选择专业。大学课程制度要更加注重灵活多样，完善学分制，实行弹性学制，学习年限要给予很大的空间，允许分段学习，以学分总量为毕业的必要条件。要适当减少必修课，增加选修课的比重，增强学生学习兴趣和信心，扩大学生的知识面。充分发挥选课的灵活性，允许学生跨系、跨专业选课，采取双学位制和主辅修制等措施，使学生更好地发挥个人特长和才能。

第六章　大学课程评价制度发展研究与改革

大学课程评价作为评判大学课程质量的活动，对大学课程质量的提升发挥着示范和导向的作用。以课程评价为主要手段的大学课程评价制度，是规范大学课程评价秩序、保障课程评价质量、促进课程发展的基本制度。

第一节　大学课程评价制度研究缘起

一、大学课程评价成为大学发展的新议题

从二十世纪五六十年代开始，许多国家的高等教育已逐步由精英阶段过渡到大众化，甚至是普及化阶段，如何加强和保障高等教育质量日益成为各国高等教育领域的新议题。2009年7月5日至8日，世界高等教育大会在巴黎拉开帷幕，会上一致通过了 *The New Dynamics of Higher Education and Research for Societal Change and Development*，其中明确指出："在当代高等教育中，质量保障起着至关重要的作用。质量的实现不仅需要建立各种质量保障制度，形成多种评价模式，更重要的是要在机构内部形成一种质量文化"。评价作为保障大学质量的重要手段，对大学质量的管理具有导向性的作用，直接影响着大学的发展方向。

泰勒曾在《课程研究入门》一书中指出："课程是教育事业的核心，是教育运行的手段。"作为教育活动的基础，其质量势必会直接影响着人才培养的质量。大学课程评价是对课程活动的一种价值判断，大学课程评价制度是由一系列具有一定内在结构的以规章、规则等形式表现的规范文本，彼此之间有机结合而成的系统的制度体系，其评价对象涵盖了与课程活动相关的诸多行为，具体包括宏观、中观与微观3个层面。课程评价对于课程活动产

生着深刻的影响，是课程建设与改革的可靠依据。

二、大学课程评价反映大学教育评价的历史

课程评价在西方国家一直受到关注，可以说，其教育评价发展的历史即是课程评价发展的历史。而在我国，正式的课程评价制度形成至今也不过20年。在政府的宏观调控与指引下，我国大学课程评价制度经历了理念、主体、指标、机制等不同程度的变革。然而，这种变革在具体实践过程中存在着严重的“意义缺失”：既没有凸显大学课程的特色，紧跟当代课程评价多元化发展趋势，又没有充分彰显课程评价促进“发展”的内在实质。因此，必须对现有的课程评价制度进行深层次的分析与纠正，只有系统科学的课程评价制度才能保证课程设计得合理、决策得科学与实施得有效。

三、大学课程评价制度是大学课程制度的组成部分

大学课程评价制度作为大学课程制度的组成部分，对于大学课程管理实践发挥着重要作用。目前，各大学正如火如荼地展开各种各样的课程评价活动，尤其是对精品课程的评价，已受到高校的极大关注。不可否认，这些评价活动在很大程度上促进了大学课程的发展，可是这也促使评价中的诸多矛盾和问题逐渐暴露在公众面前。譬如，评价主体以政府和教育行政机构为主，教师、学生等其他利益相关者被排除在外；价值取向偏颇，忽视了对教师、学生个体的发展作用；评价内容过于简单、片面；评价方法以量化评价为绝对科学标准；等等。针对这些问题，已有的研究主要集中于从技术层面进行分析弥补，忽视了从制度层面来进行改变。所以，要想真正改变课程评价的“无序”状态，使课程评价由感性自发转为理性自觉，必须要从制度层面进行剖析，通过对课程评价制度的研究来透视课程评价内含的文化动力，进而找到提高大学课程评价质量的着力点。

第二节　大学课程评价的发展

钱理群先生曾在一次报告中说：“教育上的问题应该分成两层：一是教育制度问题，二是教育理念问题。”[①]值得关注的是，制度与理念在教育天秤

① 朱小石.课程改革应以现代教育评价制度为导向[J].中国教育学刊,2004(3):29-31.

上并不是各执一端，相互独立，而是彼此联系、紧密相连的。一套完整制度体系的建立必然需要理论作为基础，用理论来引导制度的发展方向，而制度的建立实际上也是对其理论的最好诠释与反映。

一、大学课程评价发展阶段

1.第一阶段：测验测量阶段

19世纪末至20世纪30年代是课程评价理论发展的第一阶段。在这一阶段人们热衷于将心理测验的原理及方法运用于教育中，通过测量或测验的方式来衡量学生掌握知识的状况。

1845年，在美国著名教育家贺拉斯·曼的倡导下，波士顿文法学校首先以小论文笔试取代了传统的口试，目的就是为了使测试对于学生更加的公平，这一事件开启了评估历史的一项传统，即以学生测验的分数来作为评估学校与教学方案的重要资料来源。20世纪初，随着测量、统计技术的蓬勃发展，一批心理学、教育学者纷纷将这一技术引入教育界，由此掀起了一场“教育测验运动”，它宣告了系统而科学的评价历史拉开帷幕。美国著名教育心理学家桑代克于1904年在《心理与社会测量导论》一书中系统介绍了统计方法与编制测量的基本原理，为教育测量的客观化、标准化奠定了理论基础①。在同一时期，人们为了更好地评价学生的智力水平、学业成就等，出现了各种测验工具，它们的出现使得评价变得更加科学化、系统化。如1905年法国教育部为了鉴别儿童学习能力，特聘请心理学家比纳及其助手西蒙编制测量工具，这就是后来在《心理学年报》上介绍的《比纳-西蒙量表》。

随着“测量”手段的广泛运用，不少学者已然发现了其中的不足之处。毋庸置疑，通过“测量”来评价学生的学业水平，既方便操作又有一定的可信度。然而，对学生的知识水平与人格品质单纯依靠“测验”来评定似乎过于片面。为了弥补“测验”阶段的不足，教育评价理论应运而生，要求注重教育效果的价值观。

2.第二阶段：目标评价阶段

20世纪30年代初期至50年代末是课程评价理论发展的第二阶段。在这

① 王本陆.中国教育改革30年(课程与教学卷)[M].北京：北京师范大学出版集团，2009:163.

一阶段，评价不再是一两次简单的“测验”，它是一个过程；在这个过程中，注重对教育目标与教育效果一致性的描述，关注教育效果的价值观问题，“测量”或“测验”仅仅是达成评价目的的一种手段而已。

1933年，罗斯福当选为美国总统，为了摆脱经济危机，恢复经济发展，他实行了“经济社会化政策”，这直接导致了大批青年丧失了就业的机会；加之美国中学由于长期受学院风与大学入学考试的影响，高中课程基本上是为升入大学做准备的，这就使得中学课程与失业青年需求之间产生了矛盾。由此人们开始反思：原有的中学教育目标、课程、标准等是否切合实际社会需要；学生在学校中是否应该习得社会性的知识与技能，从而缓和当前矛盾等。为此，美国进步主义教育联盟组织了以泰勒为首的评价委员会，受命对中学教育课程及评价进行为期八年的研究，史称“八年研究”，试图改变中学教育的窘状。

“八年研究”对于美国乃至世界的教育发展有着极其重要的作用。在实验研究中，泰勒充分发展了他的评价理论，指出“评价过程实质上是一个确定课程与教学计划实际达到预期教育目标程度的过程”，“以往如果要对教育计划或程序的结果进行客观评估，就必须按照学生在测验中的成绩进行鉴定，而成绩测验仅仅是对识记性知识与简单技能的检查，用所谓客观的分数来报告结果”。实际上，教育的目的不仅仅是知识与技能的获得，更重要的是它使人行为上发生的一系列变化，这种变化不可能也不应该是用简单的测验来界定的，而应该对其进行较为全面的评价，“研究表明，要搞好评估，单靠纸和笔是不够的，还应当用观察、谈话、问卷等多种方法，这已成为普遍的评价观”。

二战后，各国为了走出战争阴霾，恢复经济发展，尤其注重人才的培养，由此教育评价逐渐推行开来，而泰勒的教育评价理论尤其受到各国的推崇。为了更好地对人才质量进行评价，英美等国在延续评价理论的基础上出现了针对评价而设计的教育目标体系，其中，美国布卢姆的目标层次理论影响最为广泛。布卢姆等人认为：为了更好地描述教育效果，客观地进行教育评价，必须制定客观科学的教育目标；而且这种目标必须是外显的，可测量的行为目标，只有这样才能提高结果的客观公正性。为此，在1948年召开的美国心理学大会上明确提出制定可行的教育目标体系，并且要求对目标进行科学的分类。随后，以布卢姆为首的编写委员会提出将教育目标分为认知、情感与动作技能三大领域，每个领域的目标由低级到高级分成若干层次，最终形成了目标的层次结构。

可以说，这一阶段是评价领域的一个大发展时期，泰勒的“教育评价”理论与布卢姆的“目标层次结构”为以后课程评价的发展提供了坚实的基础。将评价过程视为一个目标与结果一致性程度客观描述的过程；将制定目标体系视为评价的关键要素；以“评价”替代“测量”等，这些都是这一阶段产生的评价理论，由此使得评价领域有了一种新的指导思想。

3.第三阶段：价值判断阶段

20世纪50年代末至70年代初是课程评价理论发展的第三个阶段。在这一阶段，评价不再是保持“价值中立”的客观描述过程，“价值判断”才是其本质所在。

1957年，苏联第一颗人造卫星上天，美国政府大为震惊。随即美国政府开始反思自身的教育问题，并将教育提高到保卫国家的国防高度，要求对教育进行改革，对教育评价提出了新的要求。在这一时期，评价工作者们开始关注一个问题：对已确定的目标是否需要评价？是否需要判断？由此又讨论到：既然要判断，那判断是否需要标准？如若需要，是否能够建立一个科学客观的“价值中立”标准？①为此，人们开始批判传统的评价理论与方法，对评价的相关理论、方法进行了更为深入的研究与探索。如克龙巴赫1963年发表的《通过评价改进课程》，斯克里芬1967年发表的《评价方法论》，其中均明确提出评价者不应囿于课程编制者规定的目标，纯粹检验目标达成程度，要跳出预定目标的限制，对目标及其过程本身进行合理性的判断。同年，斯泰克发表了《评价的面貌》一文，文中说：“评价专家所关注的评价的另一面与教育家所关注的不同。评价专家将自己视为描述者，教师和学校管理人员却希望评价者能给予评价对象已优劣的判断。所以，描述和判断都是必需的，它们也是评价活动的两个基本行为。”②可见，价值判断在评价中的作用不可忽视，它应成为评价不可或缺的因素之一。

随着布卢姆目标层次结构的建立，泰勒的评价模式具有更强的可操作性，然而，这一模式过于重视科学客观化，忽略了行为目标之外的东西，因此遭受到了严重的挑战。不少学者针对泰勒评价模式凸显的缺陷提出了各种

① 钟启泉.课程评价论[M].上海：上海教育出版社，2002(6)：52.

② 乐无恙.对“第四代评价理论”的探讨[D].北京：北京师范大学，2004：14.

新的评价模式，以此打破泰勒模式一统天下的局面，其中比较有代表性的主要是斯塔弗尔比姆的CIPP模式及斯克里芬的目标游离模式。

斯塔弗尔比姆于1966年提出了CIPP模式。其中，“C”表示“content”，即背景评价；“I”表示“input”，即输入评价；“P”表示“process”，即过程评价；最后一个“P”表示“product”，即结果评价[①]。这4种评价是互相联系的，缺一不可，背景评价是整个模式的起点，它要为整个决策服务；输入评价与过程评价分别是对组织过程与实施过程的评价，使决策能够得到更好的实施；结果评价则是对实施结果的测量与判断，不论其结果是否与预定目标相符合，只要其是有教育价值的，都不可以忽略。可见这种模式将“目标合理性”一环纳入评价中，冲破了泰勒模式的框架。次年，斯克里芬提出了“目标游离模式”，这一模式主要是针对泰勒模式中易将非预期效果忽视而提出的。他将“计划想干什么”转化为“计划实际干了什么”，注重对实际效果的评价。

在这一阶段，评价成为“描述+判断”的过程，其中判断是其核心；而且随着“质性研究”的出现，对于人主体性与创造性等给予了一定的尊重，课程评价逐渐成为一个连续动态、共同参与的活动。

4.第四阶段：主体建构阶段

20世纪70年代至今被视为课程评价理论发展的第四阶段。这一阶段，评价理念产生了质的飞跃，人们开始重新反思以往的评价理论，从根本入手，寻求评价的本质，树立正确的评价价值取向，并从更深层次探求评价的方法、过程、结果等问题，以此促进评价理论的新发展。

二战后，美国经济得到发展，公民权运动也随即开始高涨。加之20世纪60年代末、70年代初，社会正处于大变革时期，人们对于教育问题的反思更为迫切，传统的评价方式遭到了严重的抨击。1972年，14位学者专家在英国剑桥丘吉尔学院共聚一堂，深刻讨论了关于评价理论与方法创新的相关事宜[②]。会上指出：传统的评价方法过于依赖心理实验或测量，习惯将复杂的教育问题及现象简化为数字，歪曲了原本的教育信息，因此应该摆脱纯量化研究方法，采用质性研究，要求评价应该要全面反映教育与课程的

① 王本陆.中国教育改革30年(课程与教学卷)[M].北京:北京师范大学出版集团,2009:166.

② 钟启泉.课程评价论[M].上海:上海教育出版社,2002(6):53.

面貌。

1975年，斯塔克发表了《方案评价的特殊方法——应答评价》（*Program Evaluation—Particularly Responsive Evaluation*）一文，在文中明确指出评价应注重主观的定性分析，注重评价主客体之间的沟通交流，彰显出评价的人文化特色；他还指明评价的意义在于服务，强调评价应关注服务对象所关注的问题、兴趣与焦点，而不是囿于预先确定的目标①。为此，他提出了一个以“回应”服务对象为起点的评价模式，即评价界所称的“回应评价”（Responsive Evaluation）模式（或称“应答评价”）。基于“回应评价模式”，美国印第安纳大学教育学院古巴教授与维多利亚大学高等教育学院副教授林肯共同发表了《有效的评价》（*Effective Evaluation*，1981年）与《自然主义探究的认识论和方法论基础》（*Epistemological and Methodological Bases of Naturalistic Inquiry*，1982年）两篇文章，文中肯定了“回应评价”模式的必要性，认为应以回应服务对象利益需求为评价的出发点，并且提出评价应在自然情景下进行，更多地采用质性研究方法，尽可能反映教育的全貌，不可因为追求评价结果的科学客观而影响评价应有的深度和真正的意义。

随着人本主义思潮的盛行，“管理主义”倾向的评价理念已然遭到严重的抨击，“人”的主体性与创造性被重视。古巴、林肯对以往的评价理念进行了深刻的反思，并于1989年出版了《第四代评价》一书，提出了“第四代评价理论”，即“多元价值”“民主协商”“共同建构”。

“第四代评价理论”倡导以人的自由与解放作为评价的根本，将评价过程视为评价者与被评价者全面参与，共同建构意义的过程。每一个参与评价的人都是一个自由的主体，是“自主”与“责任”的统一，应有对自己行为的“反思意识和能力”。可见，“第四代评价理论”十分强调对人性的尊重，强调主体的全面参与及价值的多元化，这对后来教育与课程评价的发展产生了重要的影响。

综上所述，课程评价主要经历了四大阶段：一是建立在社会测量范式基础上的心理测验阶段；二是以教育目标为参照的描述阶段；三是基于标准的价值判断阶段；四是尊重利益相关者的意义共建阶段。每一个阶段理论的发展都是以上一阶段理论为基础，针对上一阶段理论的不足而提出的，因此这

---

① 卢立涛.测量、描述、判断与建构——四代教育评价理论述评[J].教育测量与评价，2009(3):4-7.

4个阶段是不可分割、不可逾越的。桑代克在评价20世纪60年代以后评价的变化时说过，“说教育评价变了，其实，变了的，不过是冰山的一角。评价理论即令有了进步，也不是革命”[①]。每一阶段的评价理论对于当时来说都是进步的，而由于认识的局限也总有不足之处，即使是“第四代评价”也只是一种建构，它也不是完美的。评价从本质上来说是建构与再建构的反复循环过程，不存在绝对的终点，因此需要我们在实践中不断总结，综合利用各理论，扬长避短，使评价充分发挥其应有的作用。

二、大学课程评价制度的发展

课程评价理论的发展已然表明，未来的课程评价活动越来越具有发展性与人文性。相适应的，课程评价制度作为保障评价活动健康有序发展的基本保障，其理论亦会发生转向。

1.从规避制度的价值问题到注重制度的价值分析

评价无疑是要有一定的科学性，可以说，科学性是评价活动发展的重要保证。然而，正如“教育学在一定意义上不能成为科学”一样，由于教育活动的特殊性，对于教育活动各因素的评价也不可能纯粹的科学化，而是带有一定的价值取向。可以说，课程评价制度在建构过程中必然会涉及价值理念层面问题，这是无可避免的。如果我们把课程评价制度喻为一个有机体，那么价值就是制度的灵魂，它引导着制度的产生与发展，支配着制度的每一项安排，渗透于制度的各个要素之中。因此，为了更好地建构评价制度，必须转变以往规避价值、一味研究科学性的制度理论，开始关注制度本身的价值分析。

2.从关注制度整体性存在到关注制度内部分解成分

建设性后现代主义的倡导者怀特海曾强调，课程是建立在关系的基础上的，要形成课程知识相互关联的网状结构模型[②]。课程系统是一个完整性的结构，真正的课程评价应是对课程全程的全面评价。传统的课程评价制度理

① 卢立涛.测量、描述、判断与建构——四代教育评价理论述评[J].教育测量与评价，2009(3):4-7.

② 王欢欢.后现代高校课程评估体系研究——以人文社科类课程群评估为例[D].苏州：苏州大学,2008:10.

论一味强调整体性，要求建构的制度必须囊括整个课程体系，所以在这种理论指引下，建构的课程评价制度虽然内容较为完整，可是各项要素之间缺乏必要的联系，所有内容融合于一表之内，不能很好地展现课程活动过程。如前所述，“课程是建立在关系基础上的”，因此，课程评价制度理论不能盲目追求自身的完整性，一味去增加评价的内容要素，而是应在确保其整体性存在的基础上更加注重内部各要素之间的联系，以期真正实现对课程体系的全面全程评价。

3. 从关注正式制度到同时关注非正式制度

根据新制度主义理论，制度包括正式与非正式制度两个部分：正式制度强调的是一系列规章、政策等成逻辑体系的规则，具有一定的约束性与强制性；非正式制度则是人们共同认同的习俗、观念，它是整个行为的导引，也是正式制度存在的基础。以往的课程评价制度理论主要强调评价制度是约束人们评价行为与结果的工具，关注的是它刚性的一面，而对于其柔性即文化层面关注的是少而又少。可是，在实际课程评价制度的实施过程中，纯粹刚性的规定并不能使评价过程一帆风顺，只有在文化认知模式的导引与支撑下，人们真正从内心理解和接受它才能确实发挥其应有的效用。因此，课程评价制度理论必然要发生转向，同时关注正式与非正式制度两部分内容。

第三节　世界大学课程评价制度比较

课程国际化是高等教育国际化的重要内容，课程国际化进程迫切要求我国大学课程评价制度与国际接轨。探讨不同文化背景影响下的课程评价制度，总结国外课程评价的经验教训，以期为我国课程评价制度的建立提供借鉴。

一、西方大学课程评价制度案例分析

1. 英国大学课程评价制度

长期以来，英国作为高等教育质量保障的前沿地，十分注重大学质量评估制度的建设，使之成为保证大学教育质量的重要手段。

(1) 评价组织

高等教育质量保障局（Quality Assurance Agency，QAA）成立于1997年，是独立于政府与大学之外的第三方评价机构。作为独立的专门机构，QAA最主要的任务即是通过评估高校及其开设课程的质量与标准，确保大学质量及标准的确立、维护和提高，而其评价结果也将作为大学拨款机构实施教育经费拨付的一个重要依据。

作为一个独立的机构，QAA主要依靠高校的筹款以及与主要高等教育拨款机构所签署的合同经费来运作。其董事会由14人组成，其中，4人由大学和学院协会任命，4人由高等教育拨款委员会指派，另外6名成员来自工商、金融及其他行业。董事会负责制定政策和发展战略，聘请首席执行官负责日常运行①。

QAA的评审人员大多数是学术界人士，但必要时，评估组也会从工商业及其他行业吸收成员。QAA每年聘有大约1 000名学术界人士担任评审小组成员。通常，评审人员来自2个方面：①专业评估员，需具有相关专业丰富的教学经验或相关领域和职业丰富的经验；②评估协调员，通常在多学科领域具有高教专业评审和质量评估方面的丰富经验。所有的评审人员在参与学校评审前都必须接受培训，通过培训，评估人员需了解评审的目的和目标，掌握评审程序、数据采集、分析和检测以及形成判断和准备报告的技能等②。

英国大学一直是一个自我管理机构，其管理者具有明显的质量自律意识，能够自觉地建立起较为完备的质量评价系统。一般来说，英国大学的质量评价主要包括教学评价、课程评价及全面评价3个方面，其中课程评价是核心。为了实现对课程的有效评价，各大学均建立了专门的评价机构，如剑桥大学的教学委员会（Teaching Committee）、华威大学的学术质量和标准委员会（Academic Quality and Standards Committee，AQSC）、伦敦大学的质量保证与提高委员会等。以华威大学为例，在最高管理机构——大学参议院的领导下，其下属的学术质量和标准委员会负责监督本校教学和质量战略的实施、审批课程提议、审阅各院系年度报告等活动。各院系下设有学习委员会，向AQSC负责，当课程检查、评价活动开展完毕后，院系负责人要将总

① 祁品伟,常金生.英国高等学校的学术评估制度[J].教育评价,2009(1):49-51.

② 祁品伟,常金生.英国高等学校的学术评估制度[J].教育评价,2009(1):49-51.

结报告提交到AQSC，为将来的常规检查、院校审核做准备。

在英国大学，除了有专门的评价机构负责课程评价活动外，校外考试员也是重要的评价主体。长期以来，英国大学都有聘请校外考试员的传统，他们一般是其他一些学校或相关实际工作部门的学术专家，会对某一课程项目提出中立的意见，并对国家质量体系框架、大学的课程说明是否合理，学生学习成绩的标准和与英国其他大学开设类似课程学生成绩标准的可比性，学位的评价、考试和授予过程的合理性、透明度进行专业性的判断[①]。

（2）评价标准

英国大学对课程质量的要求还是相对统一在一个系统之下，其标准既体现了多样化、多规格、多层次的特点，同时体现了高等教育一元制体制下的课程标准统一性。

起初，英国高等教育质量保障局主要采取学术评估的方法来监督与保障高校教学质量，为了使大学在具体实践中明确学术标准，QAA在咨询高等教育相关机构的基础上制定了《学术基本标准》，为高校提供一个评估大学及其课程的质量和学术标准的依据。

《学术基本标准》主要包括4个方面内容：学位资质框架、学科基准、课程规格与实施规则[②]。其中学科基准主要是从学科的角度对学位标准进行描述，为高等教育部门及课程的设置提供了参考，课程规格则主要侧重于高校课程，为大学提供相应课程的说明，譬如课程内容和设置是否有效地促进了预期学习效果的获得，是否符合学科各阶段和授予学位等级的要求，有关学生考核的设计是否适合检测预期学习效果的达标情况，还详细说明了教和学的方法，学生的进步情况，学校对学生提供学术支持及学习资源是否具备有效性等。

2002年，鉴于统一质量保障措施运行中存在的问题，以及各方对以学科检查为主批评的不断加剧，QAA开始以质量保障框架（Quality Assurance Framework，QAF）取代之前的质量审计和学科检查活动，采取院校审计的方法监督高校教学。院校审计不同于以前的学术评估，其工作重点不在于直接评估院校的教育质量，而是评估院校内部质量保障机制的有效性。因此在

① 范文擢，马路亭．国际视角下的高等教育质量评估与财政拨款［M］．北京：教育科学出版社，2004：87.

② 张小敏．英国高等教育质量保证署学术审查体系［J］．外国教育研究，2007（1）：33-37.

实际审计过程中，审计小组尤其关注学科与专业层面的检查工作、院校使用外部学术标准状况、有关内部课程质量及资格标准信息的有效性及准确性、内部管理教学信息的机制及其有效性等，以期从不同角度为公众提供院校的完整信息[①]。

在“院校审计”体系下，全科范围内的课程评价被取消了，取而代之的是进一步加强各高校自己定期对课程质量的评价。经过多年的审核与学术评估，各院系及学科的质量管理水平有了很大的提高，院系可按照自己提出的目的与标准进行评估，但是，在制定课程目的及标准时必须参照学术基本标准，以此为课程评价标准的基本参照对象。

以卡迪法大学为例，卡迪法大学是英国研究型大学之一，其在课程评价标准制定过程中一方面注重借鉴高等教育质量保证署的学术基本标准，学位框架和专家组的要求，另一方面，强调本专业课程特色，充分发挥院系的资源优势，在原有的课程评价标准基础上进一步优化，做到内部与外部质量保证的和谐统一。在此以卡迪法大学（建筑工程专业）的课程规格评价报告为例，该报告主要通过对学生学习结果的评定来实现对课程质量的审核。总体来说，学生通过课程的学习必须具有专业的基础知识，具备分析能力、表达能力、适应能力及创造能力，是一个符合社会需要的有自信、有教养的人。具体来看：

第一，知识标准。通晓工程学方面的原理与理论、能力与技能，具有工程领域的责任感和道德意识，能够扮演一个全球化意识的工程师角色等。

第二，智力能力标准。通过课程学习能够正确地认识与分析问题，在建筑设计中能创造性地解决问题，能较好地计划、管理与撰写调查报告等。

第三，专业能力标准。设计的课程能够有机会让学生解决实际性问题，使学生具备在实验性工作中解决危险问题的能力，对于调查结果能够很好地呈现并给予评价等。

第四，知识和技能迁移能力标准。课程学习后学生的学习能力得到提高，具备终身学习的意识与能力，能够在一个多样化的团队中进行工作，并且能够很好地将专业方法论与解答技能迁移到其他领域等。

由此可见，在对卡迪法大学（建筑工程专业）课程进行评价时，必须明确体现工程建筑专业的学习目标，充分发挥院校的资源优势，在专业层次上

① 苗苗.普通高等学校本科课程评价研究[D].上海:华东师范大学,2007(4):32.

体现院校自身的特色；此外课程设置的规格必须符合QAA制定的学术基本规范标准，以体现外部与内部相协调的质量管理理念。

（3）评价方式

在英国大学，学生对课程及教学的反馈是极其重要的一种质量保障措施，为此，为了了解学生对某门课程教学效果的态度及看法，课程问卷成为主要的评价媒介。但是，介于英国高校“自治自律”意识的浓厚，在院校内部基本上有比较完备的质量保障程序和方法。而纯粹的量表调查不能很好地体现学校课程质量与标准，将大学在质量与标准方面的责任落到实处。因此英国大学在采用课程问卷方式的同时，通过一系列质性评价的方法来评价课程质量，以求较为全面地审核课程项目的实施状况。

与量化评价不同，质性评价不是将复杂的课程现象纯粹简化为数据，而是通过自然的调查，充分地揭示和描述评价对象的各种特质，全面地反映课程现象的真实情况，为改进课程实践提供真实可靠的依据。英国大学在检查课程项目是否达到目标，学生学习是否成功，课程项目的目标与学习结果是否仍然有效时侧重于考察一系列的课程相关资料。如教师和学生的座谈会反馈报告、校外考试员的报告、同行评价、任何外部专业团体的学术认证报告、以前学生及雇主的反馈或其他利益相关者定期参与课程设计的评价等，显然，这种评价方式具有典型的质性评价特征。

（4）评价程序

第一，学术评估程序。介于院校审计的程序与学术评估相类似，只是在部分时间如院校审计周期等方面做了调整，为此，在此只对学术评估程序进行详细说明。一般来说，QAA在对院校进行学术评估时必须遵循以下程序[①]：

评价前的准备。即评审小组根据学校提供的课程信息与学校共同确定课程考察的范围和内容，确定评审计划、评审小组和评审时间。在评审之前，各高校首先要进行多次内部的课程质量自我审查，确定其自身的优势和不足，形成自我评估报告并提交给QAA，报告将作为外部评审的一个重要依据。

评审阶段。评审小组在校评审的时间一般为6周。在现场考察时，评审人员根据需要召开多次关于课程质量和标准等方面的座谈会，充分听取教师和学生的意见；收集包括学生作业、学生各委员会、往届毕业生及用人单位

① 祁品伟，常金生．英国高等学校的学术评估制度［J］．教育评价，2009（1）：49-51.

等关于课程的意见，通过学校的课程报告，课堂教学观察计划，学生表现状况等评审课程实施情况；最后评审小组根据对该校的课程标准与质量做出评价，即“值得信赖”“部分值得信赖”或“不值得信赖”。

评审结果的公布。评审结束后，评审组根据评审情况形成报告并征求学校对报告的反馈意见，经修改后报QAA公布。关于课程标准与质量的评审报告涉及相关课程基准的表述、课程的设置基准与评价、学生学习质量、教学资源的有效性等。针对学校的具体评审情况，评审小组将行动措施列为3类：危急——学校课程设置对总体学术标准及质量构成威胁；可取——有威胁到学术标准及质量，需要进行完善；合意——该课程的设置对学术标准及质量有增强的可能，能够对其起到进一步保障的作用，可见，这种按照可信赖程度给出的评审结果，能够较好地评判学校在课程质量管理上的有效性。

值得一提的是，英国高校的学术评估制度具有良好的反馈机制。如果学校不赞同评估结果，可以通过一定程序提出投诉或申诉。QAA董事会有下设机构专门负责学校申述问题，机构根据学校的申诉缘由与书面申请，向董事会提出维持或修改评估的决定，或选派新的评审小组重新进行评估，给出新的评估意见。QAA董事会在收到书面陈述后3个月内给相关学校答复，若陈述程序完成，评价结果已做修改，评估报告即可发布。

第二，大学内部评价程序。在英国，每所高校都有自己的内部质量保证程序，而内部质量的保障则以课程为核心。一般来说，英国大部分高校对课程项目的评价主要分成两个阶段：①正规的检查。主要以系为单位，在每学期末集中反思过去一年的教学情况，针对市场的变化和考试方法的变革对课程项目进行必需的调整，时刻关注课程的发展及其存在的问题，并及时采取补救措施。正规检查一般由课程组长负责组织实施，首先在院系范围内通过课程问卷收集学生关于课程设计、内容、组织等方面的评价信息；然后召集所有与课程相关的教员，对课程反馈意见进行讨论，包括学生的评价报告、校外考试员报告、相关专业团体报告、雇主及毕业生的反馈意见等，并将这些材料与上一年的评价报告、课程设置说明及QAA学术标准进行比较，写出评审报告，明确指出最佳课程实践与不足之处；而后交予系主任，再由系主任交予学院委员会。②周期性的评估。学校每5年会对校内课程进行一次检查，由专家小组负责实施。专家小组成员包括学院的其他教师、其他学院教师及校外专家，他们首先对学校的自评报告、外部专业团体认证报告、上一周期的关于课程的年度评价报告等资料进行审核并满意后，召开师生座谈会，针对材料中的重点与核心问题进行讨论，形成评价报告，提出课程改进的意见。

可见，英国大学内部的课程评价程序规范严密，从院系的自我审查到同行的监督，再到每年一次的常规检查，最后到5年一轮的周期审核，集中体现了英国高校“自治自律”的保障意识与体制。

2. 美国大学课程评价制度

在“有限控制”与“分权管理”的高等教育管理体制下，美国大学的课程评价没有规定统一的标准，也没有统一的评价制度，而是呈现多元化特点，富有自己的评价特色。

（1）评价组织

从宏观层面上看，美国对高校质量的评价主要是以中介机构及媒体的社会评价为主，既有针对高校整体办学水平的合格性评估，又有侧重于专业、学科的分类单项评估.从微观层面上看，作为最基本的管理部门——院系，其所有成员对课程设置、评价等都拥有表决权，采取学生、专家、同行相结合的评价方式对课程质量进行评估，其中以学生评价为主。

院校认证组织。院校认证是美国独具特色和行之有效的高等教育质量保障手段之一，主要由全国性或区域性认证组织负责实施。其中，全国性认证组织主要是对全国范围内的特殊教育机构（提供的学位学科专业在非常狭窄的领域如神学、希伯来语等，或使用非传统方式授课如互联网远距离教学等）进行认证；而区域性认证组织主要负责认证某一特定地理区域内传统的、提供综合性学科学位教育的高等院校。在美国，共有6个地区性的认证机构，即学院与学校之中部协会（the Middle States Association Of Colleges and Schools）、学校与学院之新英格兰协会（the New England Association Of Schools and Colleges）、学院与学校之北部中央协会（the North Central Association of Colleges and Schools）、学校与学院之西北协会（Northwest Association of Schools and Colleges）、学院与学校之南部协会（the Southern Association of Colleges and Schools）及学校与学院之西部协会（the Western Association of Schools and Colleges）。这些认证组织与全国性认证组织并没有隶属关系，也没有级别上的差别，所不同的是，全国性认证组织并没有明确地将认证活动界定于某一特定区域而已。

院校认证着眼于学校的整体发展水平，侧重于对学校综合办学能力进行评估，重点集中在学校的办学目标和管理效率，师资力量和行政实力，学校的财政，物质资源和向学生提供的服务以及面向专业的基础课程和通用课程等方面[①]。

以中北部认证协会为例。中北部认证协会是美国规模最大，历史最久的认证协会之一，现行的认证标准主要包括5个，即办学理念和整体性（Mission and Integrity），面向未来（Preparing for the Future）,学生学习和有效教学（Student Learning and Effective Teaching）,知识的学习、运用和创新（Acquisition，Discovery & Application of Knowledge），承诺和服务（Engagement and Service）。其中“知识的学习、运用及创新”一项明确指出：“院校评估其所设置课程对将生活和工作于一个全球化、多元化和技术化社会中学生的有用性”[②]，显而易见，协会要求高校开设的课程必须具有前瞻性，符合课程国际化的发展趋势，帮助学生适应全球化、多元化、技术化的社会现实。

专业认证协会。在美国，各社会行业团体出于加强自身竞争力的需要，逐渐形成了对高校进行专业认证的组织体系。专业认证与院校认证不同，它主要侧重于评价专业与学科建设状况，对院校开设的专门职业专业性教育进行认证，以保证专业教育与专门课程的质量水平；这些职业专业性的教育基本上是与公共生活密切相关的，如医药、法律、商业、建筑等，一般不涉及基础性学科，如人文、社会科学。

迄今为止，美国已建立了97个专业认证协会，这些组织虽然涉及不同专业，标准及要求也不尽相同，但是认证内容必须都包括以下几个方面：一是教师队伍（学术水平、工作态度及教学经验等）；二是学生质量（学习成绩、分析与解决问题的能力、实验报告水平等）；三是课程设置（以工程技术专业为例：数学、物理、化学等基础课开设1年，力学、热工学及材料学等专业基础课程开设1年，工程设计课开设半年，人文、社会科学课开设半年，并开设经济学等课程）；四是教学设施与设备（图书馆、实验室及计算机等）；五是行政管理水平（管理人员的相关专业经验与背景、参加相关专

① 苗苗.普通高等学校本科课程评价研究[D].上海:华东师范大学,2007:22

② 林晓.美国中北部协会院校认证标准与程序研究[M].杭州:浙江大学出版社,2010(5):185.

业工作的情况）；六是学校对其相关专业的态度，教育计划是否有创造性、想象力，是否鼓励改革与试验等[①]。可见，课程设置及其与之相关的教学设施、教师队伍、教学计划等都是专业认证的重点。

大学内部评价组织。美国大学具有高度自治的传统，对课程管理享有完全的控制权，而课程管理的目的是为了保证与提高课程的质量，因此，为了实现课程质量的提高，各大学均十分重视对课程质量的评价活动，纷纷建立大学内部的课程质量评价体系。

美国大学的课程评价几乎均以学生评价为主，田纳西州大学教育心理系教授威廉·罗伯特曾经指出，在当今社会，几乎所有的学院和大学都在利用学生评课的形式来决定教师的津贴发放和职位升迁[②]。但是除此之外，学生评课另一个更有价值的作用是帮助教师提升所授课程的水平和质量。学生作为课程学习的主体，是课程的主要参与者与受益者，对于课程的质量最具有发言权。美国大学重视学生在课程评价中的作用，建立“学生评教”制度，集中体现了“以生为本”的教育理念。让学生以主人翁的姿态参与整个课程评价过程，使其成为课程管理活动的真正主体，有助于学生不断反思自己所学的课程知识，优化课程环境，促进学生主体性的发挥。

美国“学生评教”制度的建立不仅督促了教师的教学，还为大学管理者提供了有关课程的大量信息，以帮助管理者在教师晋升与任期、课程的设置等方面做出更加科学合理的决策。一般来说，学生评课的内容主要包括：①技能知识的掌握及思维方式的转变；②授课形式；③老师课堂授课，课堂讨论，实例分析，书面作业及教师的评阅情况，任课教师的长处和弱项；④整体性评价及对以后学生的建议[③]。

（2）评价标准

由于分权的课程管理体制，美国并没有形成统一的课程评价标准，不同的评价组织有着不同的评价指标。

院校认证标准。由于大学开设的课程不尽相同，为此，院校认证组织在对学校课程进行评价时主要针对各校开设的基础及通用课程，为各高校通用

① 金晓军.美国高等教育专业认证制度研究[D].成都:四川师范大学,2009:14.

② 苗苗.普通高等学校本科课程评价研究[D].上海:华东师范大学,2007:20.

③ 花海燕.哈佛大学学术与行政管理职能一瞥——哈佛学生对课程及任课教师的评价[J].交通高教研究,2002(3):5-11.

基础课程的发展提供一个最低质量标准。

以中北部院校认证委员会为例。如前所述，其认证标准包括5个方面，每个一级指标又有3个构成要素：标准表述（Criterion Statement）、核心部分（Core Components）以及证据实例（Examples of Evidence）。标准表述主要规定一所院校的必备特征；核心部分表明院校须在哪些方面满足该条标准；证据实例则是帮助界定每一条核心组成部分的广度和深度，是院校用来证明每一个核心组成部分的可选择证据。关于课程评价方面主要集中于标准四“知识的学习、应用与创新”中，其中明确指出高校开设的课程必须“对将生活和工作于一个全球化、多元化和技术化社会中的学生起作用”，这一标准又可进一步划分为以下几方面：①定期检查专业与学科课程之间的通用性和相关性；②在办学理念的指导下，学习目标和学习结果必须反映社会所需要的各类劳动者所必备的技能和专业能力；③课程评价涉及校友、雇主和其他懂得所开课程与知识和技能的实用性之间关系的校外人员；④院校鼓励学生在办学理念指导下运用和创新知识；⑤教师期望学生在实践中掌握独立学习所必备的知识和技能；⑥院校提供培养学生社会责任感的课程和合作课程[①]。

专业认证标准。专业认证是针对教育机构所开设的专门职业性专业教育进行评估，因此其课程评价的对象主要是侧重于对专业教育课程质量的评估。专业认证组织在对职业性专业课程进行评价前必须预先制定好标准，以在实施过程中判断是否真正达到标准。

美国专业认证标准一般由专业认证机构、行业协会、教育机构以及公众代表一起参与制定。美国工程技术认证理事会（Accreditation Board for Engineering and Technology，ABET）是美国大学在应用科学、计算机、工程和技术专业认证领域最权威的认证机构，成立于1932年，是全美较有代表性的专业认证机构。现以ABET 2005—2006年工程专业认证标准为例。

ABET工程专业认证标准包括8个方面，即学生的学业表现，专业教育目标，专业成就与评价，职业化要求，专业课程教师要求，教学设备，学校支持与财政资源，专业标准。其中，在标准四“职业化要求”中明确规定了教师确定课程时的3个方面要求：①一年大学程度的数学与基础科学（部分科学课程要包括实验）的组合课程；②一年半的工程类课程，包括工程理论课程和工程设计课程。其中工程理论课程必须植根于基础数学和科学课程，

① 苗苗.普通高等学校本科课程评价研究[D].上海：华东师范大学，2007：20.

并包括这些知识的创造性应用。课程要提供基础学科和工程应用之间的桥梁。工程设计课程必须满足工程设计的实际需要，包括如何利用所学的基础学科和工程学知识优化资源，并做出科学的工程决策。③与专业培养目标一致的、作为工程专业课程体系必要组成部分的、与专业技术课程相互补充的通识教育课程。在标准八“专业标准”中指出“每个专业必须要有满意的可应用的专业标准，规定了具体的专业课程的合格要求”[①]。

大学内部评价标准。由于美国受多元文化背景及个性化发展特征的影响，课程评价标准体系呈现多维度、多样化的特点。比较有代表性的如华盛顿大学的教学评价系统（Instructional Assessment System）、亚利桑那大学的教师—课程评价（Teacher-Course Evaluation）、堪萨斯州立大学的教学评价和个体发展系统（Individual Development and Educational Assessment）、康奈尔大学的教师教学评价系统（Teacher Evaluation）等。

美国大学的课程评价标准是以学生为中心，在评价指标上处处反映了对课堂教学要求，以康奈尔大学的教师教学评价系统为例。康奈尔大学为了提高教学质量，编制了《教师评价手册》，其中针对课程与教学的评价标准主要包括以下几个方面：

第一，课程目标：课程目标与学院总体的教学目标相一致，并且清晰地传达给了学生；该课程为学生学习更高级别的课程做了充分的准备等。

第二，课程安排：有明确的课程目标；学院课程设置与课程目标保持一致；课程概要具有逻辑性；教学大纲与课程概要保持一致，列举有一系列教学重点，并且注明课程的需求；对学生而言，课程难易适度；课程内容在时间安排上充分等。

第三、课程内容：课程内容是体现了最新的研究成果；课程内容深度广度适宜，对于学生而言具有一定的挑战性；课程所推荐的阅读书目是最新著作，包括一些权威作者的作品；若实验室工作是课程的一部分，要与课程吻合。授课教师必须完全掌握所授课程，对待课程各部分内容的重视度均等；允许学生提出多样性的观点，满足学生个性化发展需求等。

第四，教学方法：教师采用的教学方法（如讲座、讨论、观看影片、实地考察、专题演讲等）与课程目标相一致；学生在学习课程过程中充分利用了图书馆资源；学校的多媒体设备强化了课程教学等。

---

① 王建成.美国高等教育认证制度研究[M].北京:教育科学出版社,2007(3):86-87.

第五，作业：作业很好地反映了相应的课程目标，对课堂讲解和课上讨论起到补充作用；作业要求水平与课程等级相一致等。

第六，学生学习状况：学生评价标准在课程大纲里有明确说明；布置的任务能够反映课程目标；考试内容与课程内容和目标相吻合；学生的成绩等级分布与学生课程水平及招收学生的水平相匹配；作业量和课程学分一致；学生在论文和课题中运用了所学课程的内容等。

可以看出，康奈尔大学为了全面地反映课程质量，对课程的评价从多角度切入，学生、教师、校领导、社会团体等均是评价的主体，其评价指标涵盖课程目标、课程内容、课程方案，教学方法、作业等方面，力图实现对课程进行较为客观而又全面的评价。

（3）评价方式

为了保证课程评价结果的科学客观性，美国各高校纷纷开发了一系列评价量表，通过量化评价的方式，将复杂的课程现象量化为一系列数据，进而对数据进行比较分析，以此判断课程实施的成效。譬如华盛顿大学的教学评价系统、哥伦比亚大学的学生课程评价表、密苏里大学的教师教学—课程等级评价量表等。

近几年，利用网络填答问卷已然成为美国高校学生进行课程评价的主要方式。网上答题不仅方便快捷，而且能够很好地保证评价者的匿名性。以哈佛大学为例，在每个学期末，哈佛大学的学生需要在网上使用质量评估系统，评价本学期所选课程。评估系统首页写道："每件大事都是由一系列小事或者细节组成"，使学生们了解他们的反馈对哈佛大学教与学方面的发展起到了十分重要的作用，鼓励学生需认真进行评价。课程评价将持续一个多月的时间，直至期末考试结束。在这段时间内，学生有宽松的时间认真考虑，随时上网评价。评价过程中如果因为一些问题没有想好如何作答，或是遇到其他事情被迫打断，不能一次性评价完成系统也会保留已经填答的内容。当完成对所有课程的所有评价，学生便会收到课程的成绩。学校通过这种方式督促学生在规定的时间内完成课程评价。

（4）评价程序

第一，认证组织的鉴定程序。在美国，大学接受专业认证必须以通过院校认证为前提，但不论是院校认证组织，还是专业性认证组织，在对高校课程质量进行鉴定时都必须严格遵守认证程序：

①该大学必须按照院校或专业认证标准对本课程进行自我评估，确认该课程设置的优势及实施中存在的不足，搜集相关资料，展示其目标的达成度，提交一份课程质量的自我评估表。

②由认证机构选聘和组成认证实地考察组凭借复审评估表，通过查阅课程资料和各种座谈会的方式，根据认证标准对院系的师资力量、教学设备、课程设置等与课程质量相关的方面进行考察；同时，召集教师、学生以及往届毕业生进行座谈，以获取所需要掌握的信息。在此基础上，专家们必须将分管的课程考察内容起草成报告并交给认证考察组组长，组长将全组的报告综合成文，再由全体专家审核综合报告。在实地考察结束前，考察组成员会与学校领导、以及教授代表一起召开考察工作总结会，指出所存在的问题，并提出改进意见和建议。

③认证机构根据专家组的调查报告决定是否承认该课程。有些课程在接受正式认证前被承认为“预先认证”，但是“预先认证”并不保证将来一定被正式认证；而且课程在接受首次认证后，认证机构还会周期性的重访，调查并评估该学院开设的课程，对其进行质量跟踪，以便问题的及时发现与解决。一旦认证机构发现该课程质量达不到认证标准，认证机构将会给予学校课程改进期限，如果到期依旧没有改进，则会撤销先前课程认证通过决定。

第二，大学内部的评价程序。在大学内部，课程评价的程序也是十分规范严密的。以密苏里大学为例。密苏里大学学生评课活动主要由类似教学指导中心的中间机构——教师发展与教学评估办公室负责实施。该机构首先向教师提供学生对教学评价的信息，通过对评价量表个别条款的修改，设计出比较完善的课程评价表格；然后评估办公室通过教学系统给每位学生发送课程评价量表链接，学生进入评教主页，输入账号及密码进入评价页面，按要求填写等级评定量表；最后，教师发展与教学评估办公室收集整理学生课程评价的信息数据，及时反馈给教师；对收集到的评价数据进行统计分析，编印成册，将其作为反映课程质量的基本数据资料。

二、中国大学课程评价制度案例分析

1. 中国大学课程评价法制化过程

课程评价活动在我国由来已久，古代的“考”“视”“课”“察”“举”“策”“科”“试”等就是典型的学业成就评价活动。然而就大学而言，较为有系统的课程评价是从1985年开始。1985年6月，原教育部在黑龙江省镜泊湖召开了“高等工程教育评估问题专题研讨会”，提出开展高等教育评价理论研究与试点工作的指导思想与基本思路，并组织了高等工程教育评价的试点工作，其中课程被视为评价工作的重点。在试点评价期间，一些学校把课程评价活动加以制度化，出台了相应的课程管理政策规定或评价计划方案，为此，这次会议被视为大学课程评价正式启动的里程碑。

同年，国家颁布了《中共中央关于教育体制改革的决定》，其中指出：“教育管理部门还要组织教育界、知识界和用人部门定期对高等学校的办学水平进行评估，”第一次明确将高校评估作为高等教育体制改革的重要内容。1990年，原国家教育委员会第十四号令发布了《普通高等学校教育评估暂行规定》，它是我国第一个关于高教评估的行政性法规文件，其中明确提出“普通高等学校教育评估主要有合格评估（鉴定）、办学水平评估和选优评估三种基本形式”，课程评价作为办学水平评价和学校内部评价的单项评估受到了重视，并且对课程评价的目的、计划、对象、方案及评价结果利用等方面都做出了明确地说明，标志着我国高校课程评价工作开始走上了规范化的道路。在1992年，国务院批转了《国家教委关于加强改革和积极发展高等教育的意见》，再一次强调了“教育行政管理部门要通过修订专业目录，制订各科类、专业的基本规格和主要课程的教学基本要求，积极开展教学研究和教学评估，建立高等学校教学工作的宏观管理和指导”，进一步明确了课程评价的基本规范。

1994年始，教育部开始启动本科教学工作水平评估，主要有3种类型：对1976年以来新建本科院校的合格评估；对办学历史较长、办学水平较高的重点大学的优秀评估（始于1996年）；对介于两者之间大学的随机性水平评估（始于1999年）。这3类不同形式的教学评价在高等教育评价实践中发挥了重要作用，使大学进一步明确办学思想，改善办学条件，优化师资结构，加强教学管理制度建设，使课程教学建设步入正轨。2002年，教育部将上述3种评估统一为普通高等学校本科教学工作水平评估，并建立了5年一轮的评估制度。从2003年起，教育部正式开始实行5年一轮的“普通高等学校本科教学工作水平评估”，该评价活动使得高校的教学工作有了明确的质量标准和评价指标，而课程评价作为指标体系中不可或缺的部分，也有明确的标准界定。从《普通高等学校本科教学工作水平评估》的评价方案上看，课程是“专业建设与教学改革”下的二级指标，与“专业”“实践教学”相并列，其主要观测点有教学内容与课程体系改革、教材建设与选用、教学方法与手段改革、双语教学等。

近几年来，随着高等教育大众化进程的加快，大学现有教育资源与教育需求之间的矛盾日益尖锐，为了进一步优化资源，提高教育水平，教育部于2003年4月发布了《教育部关于启动高等学校教学质量与教学改革工程精品课程建设工作的通知》，决定在全国高等学校中启动高等学校教学质量与教学改革工程精品课程建设工作，力图建立一批具有一流教师队伍、一流教学内容、一流教学方法、一流教材、一流教学管理等特点的示范性课程，即“精品课程”。为便于操作，教育部于同年5月公布了《国家精品课程建设工作实施办法》《关于2003年度国家精品课程申报评审工作通知》《关于各学科教学指导委员会及有关专家组织推荐2003年度国家精品课程的通知》《2003年度“国家精品课程”申报表》《国家精品普通高等学校本科课程评价研究课程评审指标体系》等配套措施。这些课程评价相关政策的出台，对于“精品课程”评什么、由谁评、如何评等程序的实施都做出了明确的规定。可见，大学课程评价活动已渐渐走向了规范化、制度化的道路。

2. 中国大学课程评价制度的建立过程

虽然，我国课程评价活动由来已久，但是评价制度的建设起步相对较晚。自1985年《中共中央关于教育体制改革的决定》的颁布，课程评价活动才在高校有系统、有计划地展开。近年来，我国不断地汲取国外课程评价制度建设经验，并结合我国大学课程特点，探索建立具有中国特色的大学课程评价制度。

（1）政策法规方面

1985年颁布的《中共中央关于教育体制改革的决定》，首次引入了大学办学水平思想；随即1990年，原国家教育委员会颁布了我国第一个高教评估的行政性法规文件——《普通高等学校教育评估暂行规定》，促使我国课程评价逐步走上规范化道路。始于1994年的教学工作水平评估，为大学明确了质量标准与评估指标，课程评价的地位进一步得到了确认，标志着我国大学课程评价工作逐步走向制度化层面。

（2）组织机构方面

我国大学课程评估是典型的政府主导性评估，主要是以国家教育相关部门作为评价主体来主导课程评价的组织、实施与开展。当前，我国高等教育司和国务院学位办公室均设立了评估处，作为高校本科及研究生教育评估的领导与监督机构；2003年始，我国建立了5年一轮的高等学校评估制度，对大学进行教学工作水平的评估。为了更好地管理教学评估工作，2004年8月成立了教育部高等教育教学评估中心，负责组织和实施高等教育教学评估和专业专项评估。

20世纪80年代后期，随着政府职能的转变，学校办学自主权的扩大，我国还出现了一些准官方的事业性中介评估机构，如北京高等学校教育质量评议中心，上海市教育评估院，江苏教育评估院等，它们受教育部或省教育厅的委托，开展一系列高等教育评估活动，其中课程评估是其中的核心。

在大学内部，课程评价是学校自我评估的重点，主要由教学行政部门负责，权力相对集中于学校和教务主管部门，而各院系与教师基本处于被评价的地位。为了有效地监控课程质量，不少高校还建立了专门的教学督导评价中心，由一些离退休有资历的专家教授和在学校从事多年教学管理的领导组成，对学校开展专项的课程评价活动。尽管如此，我国大学的课程评价依旧是以教务主管部门为中心，带有明显的行政性色彩，这大大削弱了大学课程设置的自主性，课程的灵活性与多样性不能得到保证，为此，必须进一步优化课程管理体制，协调好管理部门之间的利益关系，充分发挥课程专家、行政人员、教师、学生及与课程相关的一切人士参与到课程评价中，以彰显课程评价主体的多元化特点。

3. 中国大学课程评价制度的特点

（1）评价理念

我国大学课程评价制度的一个明显特征是受“政府主导”或“行政主导”理念的制约。

为了保证大学课程质量，国家教育部门制定了相应的高等教育法律法规，为大学课程建设提出了明确的要求。如1985年颁布的《中共中央关于教育体制改革的决定》提出：“教育管理部门还要组织教育界、知识界和用人部门定期对高等学校办学水平进行评估”，指明课程评价是政府的事，是由教育管理部门主导的；2003年实行的5年一轮的“普通高等学校本科教学工作水平评估”，政府又为高校课程评价明确了指标与质量标准，充分发挥了政府的主导作用。显然，政府的行政权威性很强，直接主导着高校的课程评价活动，呈现“大一统”趋势。

在大学内部，这种“行政主导”价值理念依旧主宰着评价活动。教务管理部门负责组织并实施课程评价活动。虽然当前，很多学校已建立有专门的教学评估中心或教学评估专家组，但仍旧隶属于行政部门，行政权力掩盖了学术权力。这种行政色彩浓厚的课程评价不利于获得真实、有效的评价信息和效果。大学课程评价的发展趋势应是通过多元的分析、多主体的协商，逐步达成共识基础上的改进。

（2）评价主体

课程评价制度的建立取决于课程管理体制的类型。长期以来，我国大学一直实行的是高度集中的课程管理体制，政府在大学管理中占有绝对的主导地位，因而，在课程评价过程中政府起着主导性的作用。

为了保证大学课程的质量，政府通过一系列政策法规对大学课程评价提出了明确的要求，包括评价的标准，等级的确立，评价的内容等均由政府统一做出规定。即使是近几年各大学热衷的选优性质的评价，也只是希望通过评价使得课程成为校、市、省的优秀课程，进而成为国家精品课程。而国家精品课程的评价主体在颁布的《国家精品课程建设工作实施办法》中就有明确的规定，即“教育部委托有关机构和专家进行国家精品课程评审”。可见，政府还是主导着课程的评价。

当前，随着课程评价活动的开展，有不少省份已经出现了各种教育评价中心或评估机构，其看似一个独立性的机构，由各个专家组成并进行专业性的评价，然而，实质上它依旧隶属于政府，代表着国家的意志，代替教育行政部门对高校课程质量进行评价。显然，我国大学课程评价活动是政府主导下的评价，用国家的行政手段来保障课程的质量，有助于保持标准的一致性与公平性，突出评价的质量和效益。

（3）评价标准

国务院《关于〈中国教育改革和发展纲要〉的实施意见》明确指出：不同类型不同层次的大学应有不同的发展目标和重点，办出各自的特色。为此，不同的大学针对自身的特点应有条件的设置不同类型的课程；然而当前，我国大学课程评价依旧着眼于统一标准，严格依据《普通高等学校教学水平评估方案》进行，淡化了特色课程的建设，最终导致高等学校为达标而放弃自身的特色。

不容否认，课程评价标准的统一可以很好地保证课程质量，保持文化的统一性，培养学生的文化认同感。可是，特色是一所大学得以发展与成功的动力，若以单一的评价标准进行课程审核，只会掩盖学校特色项目的发展，遏制大学的自由发展。为此，必须要改变传统评价制度中统一化的标准体系，制定柔性化的课程评价标准，给学校更多的自主权，使大学能在保证最低质量标准的前提下制定出突显学校特色的课程评价标准体系。

三、大学代表性课程评价制度的比较

在不同的文化背景与课程管理体制下，各国形成了不同的课程评价制度。美国是分权制国家，没有形成全国统一的评价制度，但是在州、校一级皆有完整的课程评价模式；英国是复合型（介于集中与分散之间）管理体制，有全国统一的课程评价制度，各大学又有充足的自主评价权，从而形成了比较完备的课程质量保障体系；而在我国，由于长期的集中式管理模式，课程评价制度往往呈现“大一统”与“政府主导”的特点，通过一系列政策法令规范评价活动，刚性的决定评价的各个环节。

如表6-1所示，美国和英国的大学课程评价制度建设在组织和实施上体现了一些共同的特点：从组织程序上讲，两国均有正式的课程评价组织机构，遵循严格的程序进行评价；从评价方式上看，两国大学均十分重视学生和同行评价的作用，外部质量保障和内部质量控制有效结合在一起；从评价功能上看，两国大学都非常注重发挥课程评价的鉴定与激励作用，能够及时有效地将评价信息传达到课程利益相关人。我国由于长期受官本位及大一统思想的影响，在评价标准上呈现出统一化趋势，政府成为唯一认可的评价组织，甄别与选拔也成为评价的首选功能；在评价方法的选用上，与美国相似，采用量化方法，将复杂的课程现象数量化，通过对数据进行分析比较进而达到对课程质量进行评价的目的。大学进行课程评价的目的都是为了提高大学课程质量，进而提高大学的办学质量，从而获得社会认可与拨款。总体而言，美国与中国对外部评价的依赖性比较强，因而其大学内部评价的独立性较差，而英国由于秉承“自治自律”理念，其大学享有高度的自治权，其内部评价的独立性较强。

表6-1　中美英大学课程评价制度的比较

内容＼国家	美　国	英　国	中　国
评价价值理念	自由主义	自由与保守主义并存	官本位思想
评价组织机构	区域性认证组织 专业认证组织	第三方认证组织——高等教育质量保障局	政府部门
评价标准设立	学术委员会	普通委员会	政府
评价方法选定	量化评价为主	质性评价为主	量化评价为主
评价职能功能	鉴定、激励	鉴定、激励	甄别、选拔

四、大学课程评价制度的发展

各国大学的课程评价已然逐步从最初的自发行动发展为有组织、有制度的规范行为，其最终目的是为了实现对大学课程质量的有效监督与宏观调控，使其能够满足高校育人需求。虽然，由于课程管理体制的不同而导致各国的评价制度表现和效果差异明显，但是从宏观方面分析，各国在评价制度的建设上依旧呈现了共同的走向。

1.课程评价的主体多元化

美英两国大学的课程评价主体均由官方和非官方的多重主体组合而成，其中，尤其重视民间评价组织的作用，同时重视专业人员在评估中的作用。事实上，在欧美各国，大学课程评价实践已然出现了一个共同的趋势：即正在形成一种国家政策主导下，由独立机构负责，学术界和社会公众共同参与的大学课程评价体制。在各国大学的具体实践中，特别重视吸收社会各界人士的意见，其中包括学生家长、社区人员、政府官员、毕业生代表等，他们共同构成了多元化的评价主体机制。

2.重视课程质量评价体系的建设

为了保证课程评价制度建设的完备性，各国均十分重视课程质量评价体系的建设。英国的华威大学就通过制订严密的课程质量评价体系，定期检查学校院系的教学质量保障工作，主要包括课程定期评估，课程年度评估以及学系年度评估。课程定期评估主要是以学院为主体，在院系提交的自评报告基础上进行；课程年度评价则主要是以系为主体，反思过去一年的教学情况，并及时针对市场变化进行调整，以密切关注课程发展并及时明确问题采取行动；学系年度评估主要是评价系里教学研究和行政等活动的优点与不足，进而明了系内资源分配的效率以及改进的潜力，从而帮助各系制订合理的教学、研究、资源等中期计划，并帮助它们努力实现这些计划[①]。

3.课程评价内容、方法的丰富化

大学课程评价并不单纯的是对课程本身质量进行评定，而是牵涉到大学课程建设的方方面面，如课程的管理、课程实施的条件、师资水平、主体素质等等。当前国外很多国家开始愈来愈重视对课程资源建设及配置水平的评估，认为它是影响课程质量必不可少的条件之一。在澳大利亚，每年都会在全国范围内调查当年的大学毕业生，获取他们在就读期间课程学习的经验，这是形成大学课程质量评估指标的重要依据，也是比较学生对总体课程学习经验满意度的重要数据来源，政府以这一研究为基础，建立了全国性的课程资源数据库，并以此来监督高校的课程实施的质量。

从评价方法上来看，在后现代主义课程理论的影响下，质性评价方法已经慢慢融合于实际的课程评价过程中。它不是用绝对科学实证的方式来看待课程问题，因此在某种程度上能够很好地弥补量化评价带来的不足。质性评价方法十分注重从深层次把握课程质的规定性，从课程利益相关者的角度描述课程的价值和特点，使参与课程的每一个人都获得益处[②]，具有更大的灵活性，能够真正将课程评价贯穿于课程系统的各个环节。

4.课程评价功能的发展性

大学课程评价是按照一定的价值标准对大学课程价值及效果的判断过程，进而分析课程内容实现教育目的与教学目标的程度。在我国课程评价更多的是一种目标导向性模式，鉴别与判断是其主要功能，久而久之，评价的功能便异化为了甄别与选拔。

---

① 罗丹.突出“课程”要素，保障教学质量——华威大学教学质量内部保障体系研究[J].高等工程教育研究，2007(2)：129-130.

② 苗苗.普通高等学校本科课程评价研究[D].上海：华东师范大学，2007：56.

事实上，课程评价的功能不仅仅是甄别与选拔，更多的是发展。在国外大学，课程评价已然成为课程、教学的有机组成部分，在对课程体系进行评价的过程中，评价者根据需要搜集事实资料，通过对信息的分析，了解课程实施状况，研究存在问题，并根据不同客体需要对症下药。在评价过程中，充分发挥其发展性的功能，帮助教育工作者认清自己存在的不足，转变传统的教学理念，有针对性地提高自己的教学与科研能力；对于学生而言，强调个体的反省意识与能力，因此学生的主体存在性被广泛重视，他们以主人翁的姿态参与评价过程，通过评价了解自己的学习能力与身心发展状况，从而更有效的去认识自我、激励自我、发展自我。

第四节　改革大学课程评价制度的对策

一、建立逻辑结构和权力结构相结合的大学课程评价制度

大学课程评价制度是指教育共同体成员为了保证课程评价的有效进行而应该且必须遵守的成体系的课程评价规则，它包含内在相关的两个方面：

1. 大学课程评价制度的逻辑结构

大学课程评价制度与其他的课程制度一样，最基本的规定性是规则与规范。“从一定程度上来看，作为规则或规范的制度，蕴含着基本的逻辑结构，体现着形式正义。而制度的逻辑结构与形式正义标志着制度规则在逻辑上或形式上的合理性，是通过制度反映社会生活的路径而被发现和创造出来的，表现了世界上最基本的人情物理和社会必然性。”[①]大学课程评价制度是由一系列内在相关的课程评价行为规范和规则构成的逻辑体系，是教育评价领域中“人情物理”的体现，它的形成集中体现了课程评价发展的基本逻辑。

课程评价发展的逻辑客观存在于课程评价的文化传统与互动过程，不能任意地去“创造”或“制造”。课程评价制度是从现实的课程评价实践中形成的，离不开在课程评价实践中起作用的行为规则，因此它是一种经验性的

① 邹吉忠.自由与秩序：制度价值研究[M].北京：北京师范大学出版社，2003：75，77.

实践逻辑，体现于课程评价的行动过程中。课程评价制度的逻辑来源于课程评价实践中的行因此，大学课程评价制度把高校课程评价由自发状态引向一种自觉状态，进而促使大学课程评价的有效运行。

2. 大学课程评价制度的权力结构

有学者指出："逻辑结构还只是制度的显性结构，在它背后还隐藏着一个巨大的隐性结构，这就是权力结构。潜藏在现实社会生活与社会制度中的权力结构，对制度的逻辑结构具有十分重要的影响，它决定这逻辑结构可能会在什么范围内发挥作用，决定着逻辑结构的意义、形式、效力和作用机制。"①课程评价制度是一种文化制度，是社会共同价值追求的反映，它集中反映与体现了人们之间的利益关系，其背后隐藏着的权力才是制度利益得以实现的条件。

权力结构是课程评价制度逻辑结构的基础。不难发现，在现实的课程评价过程中，有些规范看似不合逻辑却能照常存在，一些合乎逻辑的制度却难以确立或有效实施，归根结底还是制度背后的权力关系在发挥作用。大学课程评价制度作为学校课程制度的一种，其安排的改变及其作用机制的建立，都必须从以权力结构的改变和建构为基础和条件。当前，我国大学课程评价制度主要是一种自上而下的、命令式的评价制度，学生、教师、学校及教育主管部门之间形成了层层依附的关系，学校师生没有对课程进行监督、调试的自主权。随着课程评价制度的不断完善，学校一级的评价自主权得到充分的尊重与调动。然而，要想使大学课程评价制度对评价行为产生实质性的作用，各级教育部门及参与评价人员必须具有相应的权力作为其履行职责的保障，这样才能从根本上保证评价制度的顺利实施。

可见，大学课程评价制度是逻辑结构与权力结构的统一，前者决定了大学课程评价制度的普遍性，表现出评价制度在形式上的正确性与合理性；后者则决定了命令与服从的问题，体现着评价制度在实质上的有效性与合法性。

① 邹吉忠. 自由与秩序：制度价值研究［M］. 北京：北京师范大学出版社，2003：75，77.

二、改革大学课程评价制度的理论依据

1.新制度主义理论

二十世纪七八十年代以来，随着“新制度主义”理论在各个社会科学领域的建立和兴起，教育领域的研究开始发生重大的变化。相对于早期的“旧制度理论”，新制度主义对制度有新的理解和界定，认为制度的本质不是为提高效率而制定的一套对人们行为规范的约束机制，而是在文化认知基础上建立起来的行动准则，更强调制度为社会文化所理解、接受、支持的一面。根据新制度主义理论，制度可以被界定为：由社会符号、社会活动和物质资源所组成的多层次稳定的社会结构，它包含以下三大要素：法律规章、规范和文化认知。

根据新制度主义理论，大学课程评价制度包含评价的法令规章、人们在面对评价时所要遵循的规范、原则以及大众对评价的文化认知3个层面，其中社会对评价制度的认同和理解是评价制度建立健全的最为基础的要素。因此，在构建课程评价制度过程中，注重引导社会树立正确的课程评价观，培育人们对课程评价制度在促进高教质量提高作用上的信心，加强对评价制度重新构建的认知是至关重要的。与此同时，国家的相应法令规章以及在课程评价过程中的行为规范也是制度建设的重要方面，理应予以重视。

2.后现代主义课程评价理论

现代课程理论将课程评价定义为对课程目标是否正确实施的检验，及诊断课程、计划的价值。然而随着社会政治、经济、文化的改变，课程评价并不能很好地与时代步伐及教育的社会功能相契合，因此，教育领域涌现出了“后现代主义”色彩的课程理论及课程评价模式，希望借此来重新审视、批判及重构适应时代发展的课程评价范式。

在课程科学化运动的大背景下，现代主义课程评价对目标尤其重视，常以目标的达成度作为评估课程科学化程度的尺码，认为“评价必须建立在目标的基础上”。与此相适应，现代课程评价提倡客观实证的评价方法，追求精确和量化，将评价的内容分解为若干可见的、可操作的具体行为目标，以便能够更好地对其进行客观的测量和统计，进而保证评价结果的客观性和数量化。然而，课程本身并不是一个稳定的封闭式系统，其目标并不是“预

成”的，而是在教学过程中不断生成的，具有明显的动态性；就人的发展而言，它是一个开放式的形成过程，带有很强的不确定性，所以，传统的课程评价理论并不符合课程的本质特征，不能很好地来指导课程评价实践。

以多尔为代表的后现代主义理论者对其进行了猛烈的批判，提出了新的课程评价理论主张：首先，重视课程评价的多元性与差异性。由于个体学习者的个性是丰富多样的，其价值观也不会相同，以传统一元的标准来衡量和评价学生的发展，只会扼杀人作为个体存在的价值。不仅如此，课程评价必须在特定的情境中进行，试图脱离多元的环境去设定抽象的标准严重违背了教育的真实，因此，课程评价的内容、方法论和价值观的问题不能再以脱离教学生活世界的抽象方式来界定，而应成为涉及学习者、教师和教育影响之间即时的交流与对话。其次，强调评价标准的多样性与流变性。课程评价应涉及参与主体的交流、对话，因此评价目标不再是由外在权威主观赐予，而是师生在参与过程中逐渐生成的，它不仅包含有社会权威价值，还包含有个体价值，对个体的发展能更好地起到引导作用。与此同时，开放式的课程评价又决定着评价标准的流变性，即评价标准不是固定不变的，应该随着课程活动的展开而不断变化。

三、改革大学课程评价制度应遵循的原则

1.客观性原则

客观性原则主要是针对课程评价标准体系而言。基于多元智力理论，新课程评价制度要求课程评价理念要与多元智力理论有机结合，建立科学的课程评价观，明确以促进学生全面和谐发展为评价核心，采用多种形式的评价手段，在不同的实际生活与学习情境下从不同的角度进行评价。因此，为了确保课程评价的客观公正性，必须从不同维度不同侧面来设计课程评价指标。

在设计课程评价指标时必须围绕学生发展这一核心，从不同侧面观察、分析和评价学生，实现评价标准的多元化。首先，强调对学生进行综合评价。以往对学生的评价主要集中于语言及数理逻辑能力，完全忽视了学生其他智力的存在，根据多元智力理论，在进行评价时不能持智力一元化的思想，而应当拓宽评价指标，把对学生的评价扩展到道德品质、情感态度、兴趣特长等方面，只有这样才能更好地引导和促进学生的全面发展。其次，强

调尊重学生的个体差异。课程评价过程从某一方面来说也是学生展示自身智能的过程，因此必须创造条件让学生以各种自认为合适的方式来展示他们的实力，使人们能够直接观察到每个学生智能的各个方面。我们在关注学生共性的基础上，也要从多方面去审视被评价者，发现其特点和长处，充分挖掘学生的发展潜力[①]。使评价切实成为每一个学生充分发展的手段。

2. 公平性原则

公平性原则主要是针对大学课程评价制度对评价参与者的关系而言。学校课程制度具有普适性，因此学校应该依据学校课程制度平等对待每一个人，对任何人一视同仁，课程评价制度作为课程制度的重要组成部分，必然也要注重公平性原则。可以说，公平性原则不仅会影响到课程评价制度的建构和安排，还会影响到制度中每一个决策的实施与执行。

一般来说，公平性原则包括两个方面内容：其一，所有情况一律平等对待。所有与课程活动相关的人都应赋予其平等的参与评价的机会，不能使课程评价成为政府或教育主管部门的专职活动；其二，不同情况差别对待[②]。课程参与者都拥有平等的评价机会，但是课程评价制度本身就是一个多元化的制度，因此，对于评价者的评价结果处理上要进行差别考虑，衡量好权重，从而保证评价结果能客观反映课程活动实际。建构大学课程评价制度本身就是为了确保课程体系朝着真善美的方向发展，平等地对待每一个参与课程活动的人（赋予他们平等的参与评价的权利和应尽的义务），关注每一个学生的发展，符合制度建构的公平性原则。

3. 效益性原则

大学课程制度本身具有一定的适用性和工具性，因此，在构建课程评价制度时必须遵循效益性原则。建立课程评价制度的目的是为了充分发挥课程评价制度在整个大学课程系统中的引导和规范作用，进而维持正常的学校课程秩序，实现课程本身的发展价值。

相对于具体的课程评价行为而言，课程评价制度具有一定的抽象性和普遍性，因此，为了使其评价结果能更好地服务于课程体系的完善，学校在建

① 印义炯. 多元智力理论对新课程评价改革的影响[J]. 文山师范高等专科学校学报，2008(4):82-84.

② 廖辉. 学校课程制度建设的伦理意蕴[J]. 中国教育学刊，2011(8):35-38.

构课程评价制度是必须尽量贴近现实的课程评价活动，从而使课程评价制度具有更强的说服力和解释性。其次，在构建评价制度时应该多渠道收集多方意见，采用民主协商等方式向多元课程评价主体宣传和解释关于制度各项决策，注重实施课程评价制度的手段方法的合理性和可接受性，从而使评价参与者能够真正理解、接受和认同这一规范体系。最后，制度本身具有相对的强制性和稳定性，因此，在构建课程评价制度的同时还应有相应的奖罚机制，对于遵守评价制度的人给予一定的奖励和激励，反之则给予适当的惩罚，进而杜绝课程评价活动的随意性和主观性。

4.全面性原则

大学课程评价制度应是一种全面性的课程制度，因此必须遵循全面性原则。首先，评价内容的全面性。新的课程评价必须克服以往只注重教材评价、学生评价的局限性，要对课程活动的全过程进行评价。因此，在构建课程评价制度过程中，不仅仅要加强已形成制度的教学检查和学习考核、期末考试等制度的建设，同时为了保证课程评价工作的顺利进行，还必须建立课程设计及实施过程评价制度，以确保课程评价工作得以顺利规范的进行。其次，评价主体的全员性。长期以来，我国大学课程评价带有浓厚的行政化色彩，多元化的评价主体机制尚未形成，进而导致评价结果不能完整反映课程活动全貌。因此，为了有效突显课程评价的效果与质量，新构建的课程评价制度必须内含有多元化的主体评价机制，建立独立于政府之外的中立性评价组织，不断完善舆论监督和社会评价机制。

5.发展性原则

长期以来，我国实行的是高度划一的国家课程管理体制，课程评价主要是由教育行政或课程管理部门主导，教师和学生始终处于一个被动的尴尬地位。在具体的课程评价过程中，行政性色彩非常浓厚，评价者多数关注的是课程实施的结果而不是过程，是教学效果而非课程价值本身，对于师生的评价也只是停留在认知层面，对于情感、价值观等方面几乎很少涉及，这显然没有很好地体现课程的价值所在。课程的根本价值在于促进学生的全面发展，通过学生的发展促使课程不断改进和提高，因此，课程评价制度的建构首先必须凸显“发展性”原则。

制度建构的发展性原则实际上就是要确立大学课程评价的发展观，强调课程改革是一个不断发展的过程，评价课程的好坏不仅仅是要看它的好坏及效果，更重要的是它在特定环境及条件下的适应性、发展性和创生性。大学课程评价制度在建构过程中必须始终以学生的全面发展为导向，重点突出评价学生发展的全面性与完整性，其发展是否适应了时代的要求；评价教师是否适应了课程的发展，是否在课程的发展中发展了自身，把自身当作课程发展的主体。发展性是大学课程评价制度建构首要遵循的原则。

四、改革大学课程评价制度的策略

1.建立大学课程评价保障机制

大学课程评价制度保障系统的建立是课程评价制度得以贯彻实施的保证。保障系统不是对大学课程评价行为进行直接规范或限制，只是确保课程评价的物力、人力、财力等需要得到满足，是大学课程评价制度的辅助。

（1）奖惩机制

一般来说，一项制度的执行必须有相应的奖惩机制作为辅助，它能够对符合制度的评价行为起到激励作用，反之则产生抑制作用。在课程评价制度保障系统中，奖惩机制是最为活跃的一个单元，它能够直接激励和监督课程评价制度的执行状况。然而在实际课程评价过程中，虽然以生为本、主体多元化、方法多样化等评价理念已被评价人员所接受，但是真正在评价中做到这一点的真是少而又少。因此，为了保证新课程评价理念的实现，课程评价制度的顺利实施，奖惩机制的完善是必要的，使评价人员感受到“付出有回报”，“按照制度做和不做之间的差别”。

（2）物资保障机制

奖惩机制对于课程评价制度的执行有着激励的作用，但是在对评价人员行为做出奖励时有物质和精神之分，所以为了保证奖励机制的有效运行，必须有相应的物资保障。除此之外，大学课程评价制度的顺利实施也需要必需的物质基础，可以说，整个课程评价制度的运转都要物资保障为动力源，因此必须确保课程评价制度在运行时物资需要得到满足，这里包括国家和地方教育部门的教育经费分配、大学课程资源开发的经费使用，课程管理系统的人力物力分配等。

（3）组织保障机制

“组织系统是实现、贯彻和执行规则系统的组织和社会主体，组织系统与规则系统的协调和认同程度决定了目标系统的实现程度。”[①]组织是规则（或制度）的载体，只有组织结构合理完善才能使制度发挥其应有的作用，一般来说，健全课程评价组织机构对课程评价制度的实施有着重要的支撑作用。

大学应建立校院系三级课程管理委员会，其中校级课程管理委员会主要负责制定大学每学年、学期的课程评价实施方案和配套条令，院系的课程管理委员会则主要负责管理具体的课程评价工作。课程管理委员会的组成人员必须是多元的，既有课程专家，又有师生代表、家长代表及社会人士等，它有着明确的责任和职责，各级均能相对独立的开展课程评价活动，具有很大的自主性。与此同时建立相应的评价督导机构，对评价人员的评价工作适时进行督察，检查其评价行为是否符合评价制度，工作流程是否合理，评价组织是否独立行使评价权力。

借鉴美英经验，为了保证课程评价结果的公正客观，国家还应建立相对独立的课程评价中介机构，这可以使大学的课程评价工作脱离于日常教务，提高评价的效率。通过政策的制定，规定中介评价机构的职责，加强中介机构的资格审查和督察审核，保证其评价行为符合课程评价制度规定。

2.改善大学课程评价方法技术

大学课程评价制度作为一种新的制度，它的建构需要有一定的方法技术作为基础，改进课程评价的技术方法，有助于提高课程评价的质量，发挥评价对课程质量提升的作用。

（1）改进量化评价标准

在对课程实施过程尤其是教师教学进行评价时，往往是以一年为周期，评估教师的教学和科研成果，这种方式虽然能够激励教师认真教学，努力科研，但是周期时间的短暂，经常会适得其反，诱发急功近利的思想，因此，必须改革传统量化的评价标准，采用灵活性的评价指标。如可以将教师的科研评定年限适当延长，改为3~5年；对于教师的科研成果可以先采取同行评议的方式；在对课程教学质量进行评价时不能过多地将焦点聚集于学生的课程通过率或是知识掌握状况，应该更加关注能力、情感等方面的发展水平；由于学生的个体差异性，对于学生的学习评价也不能“一刀切”，而要设置

① 贺培育.制度学：走向文明与理性的必然审视[M].长沙：湖南人民出版社，2004：17.

开放式的评价标准有针对性地进行评价，这样才能激发学生的创新意识和能力的发展。

（2）改进评价结果的反馈方式

评价结果的有效利用是改进课程质量的重要前提，这一阶段的工作直接关系着课程评价功能的发挥，因此我们必须充分重视课程评价的结果，发挥评价结果的正面导向功能。一般来说，评价结果的反馈主要以学生、教师和课程管理者为中心：对于学生而言，根据多次评价结果的比较分析，判断学生通过课程学习在态度、能力、意识等方面所取得的进步和成就，了解课程教学是否取得实质性的进展，同时认识存在的不足；对于教师而言，教师可以根据评价结果了解自己的实际教学水平和自己在同行教师队伍中所处的位置，明确自身定位，同时可以激励自己不断更新教学观念，提高课程质量和教学水平；对于课程管理者，他们更多关注的是课程建设的水平和质量，通过评价报告了解课程资源利用的效率、课程目标的适切性、实施的有效性及评价的客观性，进而为下一轮的新课程改进提供依据。

（3）改进执行过程监督机制

建构大学课程评价制度就是为了改变传统课程评价工作的无序状态，进而保障评价结果的客观公正性，因此，为了制度的顺利实施，必须加强对制度执行过程的监督。通过过程监督，可以了解课程评价制度的执行状况，同时可以了解课程评估过程存在的问题和不足，检查课程评价工作中是否有违规现象，进而搜集更多的关于课程评价的信息资料，为课程评价制度自身的完善提供借鉴。

（4）完善网络评价机制

信息技术的广泛使用是课程评价领域的一大改革，通过网络不仅可以节省时间精力，还能更好地实现匿名评价。因此，大学必须进一步完善网络评价，为其提供必要的技术条件，这有助于保证课程评价的公正性，能够博采众长，提高评价质量；其次，通过网络，能够使更多的课程相关人士参与其中，真正实现多元主体共同参与的原则，促进相互直接的经验交流，保证评价信息的及时反馈，从而更好地发挥课程评价应有的效能。

3. 丰富大学课程评价制度内容

（1）完善大学课程资源评价制度

课程资源开发利用质量的好坏影响着课程后续发展的各个环节，因此我们必须对课程资源以及开发利用过程进行合理的评价，通过适当的评价总结上一轮课程资源开发的各种反馈信息，从中汲取优点和诊断存在的问题及缺陷，以此为下一轮的课程资源开发提供全面的指导，进而形成良性的循环。在这良性循环的过程中，促使课程资源得到有效开发和利用[①]。

大学课程资源评价制度是指在高校时空范围内形成和制定的强制要求参与学校课程资源评价的有关人员共同遵守的程序、步骤和规范体系。大学课程资源评价制度是高校课程评价制度的重要内容之一，作为一种制度，它应当起到规约、保障和促进的作用。

第一，建立校领导负责的评价组织机构。

课程资源评价对于高校而言需要投入大量的人力、物力和财力，需要强有力的管理者和团队来推动和执行这项工作。大学应该成立由学校主要领导组成的课程资源评价小组，在成员的组成上尽量多元化，不仅要有课程资源方面的专业人士，还要包括教师代表、学生家长代表、学生代表以及社区人士，设置大学课程资源评价中心，将课程资源的开发利用过程纳入高校课程评价的日程。

在正式实施课程资源评价时，课程资源评价小组必须采用集体商议的方式制定出既科学又具备校本特点的相关制度，以此规范评价行为。通过任务驱动机制明确各评价人员的职责，做到整体规划，责任明确，措施有力。一般来说，课程资源评价机构的主要任务如下：对课程资源开发利用过程进行监控和管理，建立课程资源管理数据库；对校内外的课程资源进行筛选和协调，促进资源之间的整合与共享；对参与课程资源评价的相关人员进行培训，以保证课程资源评价工作正常、规范进行等。

第二，建立课程资源库。

课程资源库主要是对各种繁杂的资源进行梳理，并且按照一定的分类标准进行必要的分类，编制课程资源登记表，对课程资源的类型、所有者、获取方式、开发动态和使用事项进行登记，分类存档，归口管理，以便查找和使用[②]。建立和完善课程资源库，对课程资源评价工作的意义重大：一方面，课程资源库规定了课程资源范围，这就使得评价人员在实施评价时有一

① 潘丽娜.小学教师开展课程资源评价的研究[D].大连:辽宁师范大学,2008:11.

② 翟艳.学校课程资源开发制度建设:一个亟待解决的问题[J].天津市教科院学报,2009(4):26-28.

定的范围可供参考，节省了时间和精力；另一方面，资源库的建立便于教师和学生对课程资源进行深层的探究和体验，引导他们评价课程资源的方向，提高资源评价的水平[①]。基于网络的课程资源数据库，可以实现各校各类课程资源的共享和整合，发挥课程资源开发的整体效益，从而进一步为课程资源的评价工作提供服务和深度支持。

第三，建立科学合理的课程资源评价制度及评价体系。

科学合理的课程资源评价标准的建立是制度建构的关键，没有明确的评价标准，最终只能导致评价工作无据可依，评价结果无科学性可言。对课程资源评价制度及评价体系进行初步的探索，该体系主要包括4项一级指标，即人力资源、物力资源、知识资源及思想资源，具体分布见表6-2。

（2）制定大学课程编制评价制度

英国学者菲利普·泰勒指出："课程编制是指那些经过精心计划的活动，透过这些活动设计出各种学程或教育活动方式，并将它们提供给教育机构中的人们，以此作为进行教育的方案。"[②]课程编制是课程系统的核心，它需要一定的教育教学理论来支撑，并在一系列外在因素的保证下设计出各种学程和教育活动方式，以此作为实现培养目标的依据。

课程编制活动对于整个课程系统有着极其重要的作用，所以，为了保证课程编制工作规范、可靠，"评价"作为一种重要的手段必须贯穿于课程编制活动的始终。美国教育家泰勒就曾说过："当为编制一个计划、一套教材或一种教学手段提出一种或几种想法时，马上就应该进行评价，以发现在早先的实验或经验中是否有表明这个想法的有效的证据。"[③]在课程编制阶段进行评价，不仅可以在众多的活动设计中通过比较筛选选择出最优的课程设计方案，还能在评价过程中诊断出其中存在的一些缺陷，进而提出改进意见，以促进课程设计的优化。

① 闫红敏，范蔚.刍议课程资源及其有效开发[J].教育理论与实践，2006(2)：38-40.

② 翟艳.学校课程资源开发制度建设：一个亟待解决的问题[J].天津市教科院学报，2009(4)：26-28.

③ 泰勒.课程与教学的基本原理[M].施良方，译.北京：人民出版社，1994：135-136.

表6-2 高校课程资源评价制度及评价体系

一级指标	二级指标	制度内容	分值 M_i	评价等级 K_i			
				1.0	0.8	0.6	0.4
人力资源25分	人力资源供给	为课程资源开发者提供一定量的工作时间	6分	时间非常充沛	时间比较充沛	时间充沛	时间不够
	人力资源配置	合理配置课程开发人员，使开发活动协调顺利开展	6分	配置非常合理	配置较为合理	配置合理	配置不合理
	人力资源开发	营造良好的课程开发环境，配有完备的利益激励系统，充分调动开发者的主动性与积极性	6分	环境良好，系统十分完备	环境良好，系统较为完备	系统比较完备	系统不够完备
	人力资源管理	建有完备的课程资源开发者培训制度，严格考核开发者的业务水平	7分	制度十分完备	制度较为完备	建有相应制度	制度建设不够
物力资源25分	社会资源	各种社会机构（企业，社会团体）积极参与学校课程资源开发，并且给予大力支持；充分拓展利用校外课程资源，积极开发信息化课程资源	12分	大力支持，校外资源开发利用率高	比较支持，校外资源利用率较高	注重校外资源利用	不够支持资源利用不够
	教育机构资源	学校及其他教育机构用于学校课程资源开发的资金充足，学校设施建设完备，校园文化氛围浓厚，所开发课程资源能充分反映学校自身特色	13分	资金非常充沛，设施建设很完善	资金比较充沛，设施比较完善	资金充沛，设施完善	资金不足，设施不够完善

续表

一级指标	二级指标	制度内容	分值 M_i	评价等级 K_i			
				1.0	0.8	0.6	0.4
知识资源25分	理论部分	课程理论知识能够很好地与课程目标相契合，有助于实现学校的办学宗旨。开发的课程资源充分反映社会发展需求与进步方向，能与现有课程体系互相融合，加以弥补与充实原先课程内容的不足之处	13分	知识、目标契合度高，充分反映社会发展需求	知识目标契合度较高，能够反映社会需求	在一定程度上反映课程目标，考虑了社会需求	不能很好与课程目标相一致，社会需求没有得到反映
	实践部分	能利用校内外已有可利用资源，适当安排各种课外实践活动，充分发掘学生生活经验方面资源。	12分	充分利用校外资源，实践活动合理安排	有一定量的实践活动，安排较为合理	实践活动安排基本满足资源开发需求	实践活动安排很少，不能满足资源开发需求
思想资源25分	课程研究者	课程专业研究人员，学科专家，专家型教师充分参与资源开发	8分	参与度很高	参与度较高	参与度一般	参与度不够
	课程实施者	教师，学生充分参与资源开发，开发过程充分考虑师生现有水平，兴趣及特点	9分	参与度很高	参与度较高	参与度一般	参与度不够
	校外人士	家长、社区人士及社会其他人员主动参与学校课程活动	8分	参与度很高	参与度较高	参与度一般	参与度不够

①大学课程编制评价制度的内容。

大学课程编制评价制度实际上就是制定的要求高校参与课程编制评价主体的在评价过程中必须遵守一系列规范和行为准则，主要包括课程编制指导思想，课程目标及课程内容选择等评价内容。

第一，课程编制指导思想评价制度。课程编制的指导思想统筹课程编制的整个过程，决定了课程设置的价值取向，对大学课程编制指导思想的评价实际上就是对课程设置价值取向的评价，它是以社会需求及教育教学理论为依托，判断课程设置的指导思想是否能够与大的教育背景相契合，设置的课程是否能够真正促进学生人格的建构，身心的发展等。大学课程编制指导思想评价制度是有效开展课程编制评价活动的前提，主导着大学课程设置的大方向，提高大学课程编制评价质量的有力保证，而且是促进学生人格健全发展的理论性基础。

第二，课程目标评价制度。课程目标是指课程要实现的具体要求，即学生在学习完课程后在知识、能力及人格等方面所能达到的水平。可以说，不论是哪一层次的课程编制活动必然涉及有课程目标的确立，它是整个课程编制过程最为关键的准则，直接决定着课程内容的选择，课程的实施及课程效果的评价。课程目标评价实际上就是对课程目标设立合理性及科学性的评价，建构高校课程目标评价制度能够保证课程目标评价工作的顺利实施，从而改变以往评价工作的无序状态。

第三，课程内容评价制度。课程内容就是为实现教学目标而必须教授的知识，它能激发学生的认知兴趣，培养学生的思考能力。课程内容的选择和组织是课程编制活动的重要一环，因此对于它的评价亦是十分必要的。高校作为研究高深学问的场所，其课程内容必须充分体现时代性、科学性、思想性及发展性等，以便能够充分给予学生展现自身创造力和想象力的机会。大学课程内容评价制度是对课程内容评价关键行为要素的规范和保证，以确保课程内容评价的合理性，防止编制人员任意选择和组织课程内容。内容主要体现在三个方面：课程内容选择的评价，课程内容组织的评价及课程结构安排的评价。

②大学课程编制评价制度及评价体系的建构。

大学课程编制评价制度及评价体系主要包括3项一级指标：课程编制指导思想，课程目标，课程内容，每一项指标下设有若干二级指标，具体分布如表6–3所示。

表6-3　高校课程编制评价制度及评价体系

一级指标	二级指标	制度内容	分值M_i	评价等级			
				K_i			
				1.0	0.8	0.6	0.4
课程编制指导思想30分	社会需求	编制者充分了解社会需求，明确编制的价值取向；准确判断教育自身需求、能够解决的问题和达到的要求	10分	充分了解	比较了解	了解	不了解
	理论基础	整个课程编制活动在“三级课程管理体制”下进行，课程基于人格建构进行编制，其理论基础与社会教育价值观、社会及受教育者的需求相一致；符合终身教育理念，能够很好地引导学生直面社会问题，主体式的参与学习	10分	课程编制参与主体多元，与社会需求契合程度高	课程编制参与主体多元，与社会需求契合度较高	课程编制主体较为单一，与社会需求契合度一般	课程编制主体单一，没有与相应理论观念相契合
	可能性判断	课程编制者能有效地判断现行存在问题解决的可能性（当前或将来），并且能够很好地对编制过程可能存在问题进行诊断	10分	能有效地进行判断与诊断	能在一定程度上进行判断与诊断	不能对未知因素进行诊断	不能进行判断及诊断
课程目标30分	课程目标表述	课程目标表述用语明确而清晰；目标行为主体是学生，内容涵盖知、情、意、行4个方面；对于具体目标的表述行为动词必须是具体的	14分	目标表述非常清晰，涵盖内容全面	目标表述较为清晰，内容完整	目标表述清晰	目标表述不够清晰
	与人才目标契合度	课程目标数量多于培养目标且适量，能够充分体现培养目标精神，涵盖培养目标内容	16分	数量适量，充分体现培养目标精神	数量比较合理，较好地体现了培养目标精神	数量基本合理，能体现培养目标精神	数量过多或过少，不能与培养目标相契合

续表

一级指标	二级指标	制度内容	分值 M_i	评价等级			
				K_i			
				1.0	0.8	0.6	0.4
课程内容40分	课程内容选择	课程内容充分符合社会时代发展需求与学生生活实际，体现了课程发展与学术发展成果；能够很好地促进学生全面长远发展，促使学生学习能力的提高；设有10%~15%的外语课程，满足双语教学需要，充分体现了国际合作精神	15分	课程内容充分符合课程发展及学生发展需要，外语课程比例达到10%以上	课程内容比较符合课程发展及学生发展需要，外语课程比例达到8%以上	课程内容基本符合课程发展及学生发展需要，外语课程比例达到6%以上	课程内容不符合课程发展及学生发展需要，外语课程比例在6%以下
	课程内容组织	课程内容具有很好的整体性、逻辑性（学科内容内部的整合、知情意行的涵盖度）、顺序性及连续性（与学生心理发展及学习规律的适应性），内容渗透着思想道德教育	13分	完整性高，逻辑性强，内容由易到难安排合理，思想道德教育渗透其中	完整性较高，逻辑性较强，其中渗透有思想道德教育内容	内容完整，由易到难安排合理	内容完整性差，为重视思想道德教育的内容渗透
	课程结构的安排	课程体系设置质量高，课程结构科学合理（其中必修课占60%，选修课占40%，校本课程占10%左右）体现了先进的课程设置理念，	12分	课程体系设置质量高，设有丰富的选修课，注重校本课程开发	课程体系设置较高，选修课比例在35%以上	课程体系质量一般，选修课比例在30%左右	课程体系质量差，选修及校本课程比重较小

（3）制定高校课程实施评价制度

良好的课程体系为人才培养提供了一张蓝图。而在人才培养中要真正发挥它应有的效用，还必须有效组织课程实施。课程实施是指将课程计划付诸实践的过程，它既是一个课程形态变化的过程，又是一个师生共同参与的过程。可以说，师生的共同参与是课程实施得以实现的重要载体。

第一，大学课程实施评价制度的内容。

大学课程实施过程一般可以分为两个层次。其一是学校层次的课程实施，即学校根据国家课程标准的基本精神，结合本校特点，确定适合本校校情的培养目标、课程思想、课程与教学目标的过程。其二是课堂层面的课程实施，即师生根据学校的课程思想、培养目标，在具体的教学情境中对课程进行的课堂化处理的过程。因此，对于课程实施过程的评价也包括两个层次：学校层面的课程实施评价及课堂层面的课程实施。前者主要侧重于评价课程目标及内容校本化处理的程度，要求充分展现本校的情景特点，根据学生特点和兴趣重新整合课程内容，并且进行分层教学；后者作为大学课程实施的关键环节，主要侧重于对教师的教学过程进行评价。

课程效果的评价实际上就是通过了解课程的执行状况，改善日常的课程管理工作，促使课程不断地发展和完善。值得一提的是，课程效果评价与以往的考试为主导的课程评价方式不同，要想真正实现课程效果的评价，必须具备相应的课程效果评价方式作为行为和价值引导，而课程效果评价制度的建立正是在制度层面上对课程效果评价的内容、方式等做出了明确的规范，使评价人员在实施评价时具有合理化与合法化的依据。

对于课程效果的评价主要包括外部评价和内部评价两方面。外部评价主要是由课程编制者进行评价，通过评价了解课程编制存在的问题是否得到解决，进而改进课程编制过程；而内部评价则由参与课程编制以外的人员进行评价，主要评估预先拟定课程目标的实现程度。内部评价主要评价学生学习的效果，因此，学生必须成为评价的主体性存在，通过评价了解教师教学存在的问题，帮助学生找到学习过程中存在的问题，让学生在评价过程中学会自我评价、自我反省的能力，进而不断提高学生自我学习的能力。

第二，大学课程实施评价制度及评价体系的建构。

大学课程实施评价制度及评价体系主要包括两个一级指标：课程实施过程，课程实施结果，其中课程实施过程包括学校层面和课堂层面两项二级指标，课程实施结果则包括学习过程与学习结果两项二级指标，具体分布如表6-4所示。

表6-4　大学课程实施评价制度及评价体系

一级指标	二级指标	制度内容	分值 M_i	评价等级 K_i			
				1.0	0.8	0.6	0.4
课程实施过程50分	学校层面	课程目标校本化处理：符合国家课程标准的基本精神，适合本校情境特点；课程内容校本化处理：适合本校实际，符合学生特点及兴趣	25分	非常符合国家课程基本精神及学校特点，体现学生兴趣	较为符合国家课程基本精神及学校特点，体现学生兴趣	基本符合国家课程基本精神及学校特点	不符合国家课程基本精神，没有融入学校自身特点
	课堂层面	教学目标科学全面，充分体现学校发展目标；教学内容学术性强，重难点突出，深浅度明显；教师课堂应变能力强，能够有效使用现代化教学手段，拥有良好的语言表达能力与时间控制能力；具有独特教学风格，勇于教改创新；教学氛围和谐民主	25分	教学目标科学，内容学术性强，教师能力水平高，控制课堂能力强，风格显著，教学氛围民主和谐	教学目标比较科学，内容学术性较强，教师教学风格明显，教学氛围比较民主	教学目标基本合理，内容重难点突出，教师教学能力基本满足教学需要	教学目标不合理，内容重难点模糊不清，教师控制课堂能力不足
课程实施结果50分	学习过程	学生积极参与开放式课堂讨论；能够充分利用学校资源进行合作式、探究式学习；及时得到关于作业练习及考试分数的反馈	30分	学生参与度很高，作业反馈非常及时	学生参与度较高，作业能够较为及时的反馈	学生参与度一般	学生参与度不高，作业反馈不及时
	学习效果	通过课程学习有效掌握理论专业知识及实践技能，学习兴趣及能力得到有效提高，学生情感得到良好的培养	20分	学习效果显著，知、情、意、性得到全面发展	学习效果较为显著，知识能力得到提高	学习效果一般，基本掌握知识技能	学习效果差，知识技能掌握不扎实

（4）制定大学课程管理评价制度

课程管理评价制度是在对课程管理基本原理的认识和理解的前提下要求评价人员在实际管理评价活动中必须共同遵循的行动准则，是指导课程管理评价实践的基本要求和行为规范。采取科学合理的课程管理评价制度，不仅可以提高管理效果和质量，还可以推动整个课程系统的正常运行。因此，大学课程管理必须在相应评价制度的监督下进行。

第一，大学课程管理评价制度的内容。

大学课程管理的顺利进行必须依靠相应的制度作为保障，管理制度完善与否，直接决定着管理工作进展的程度。为了保证管理工作的科学规范，各类课程管理制度如学分制、选课制、导师制等应运而生，然而这些制度的建立是否完备、执行是否有效、制度整体效能是否发挥等依旧是制约大学管理工作效率的瓶颈，为此，建构课程管理评价制度是必需的。

课程管理机构与课程管理制度是紧密联系在一起的，在集权制的课程管理体制下，我国大学的课程管理机构主要是政府或教育行政主管部门，大学内部的其他机构及教师、学生等均是课程的“忠实执行者”，随着三级课程管理体制的建立，大学的课程管理权力得到进一步的加强，课程为政府、学校、社区、教师、学生等所共有。因此，为了保证大学课程管理工作的质量，大学必须在建立管理制度的基础上设置相对独立的课程管理机构。大学课程管理机构设置评价制度实际上是对管理机构设置的理念、结构、效率等进行评价而确立的行为准则和规范，它的建立能够进一步确保课程管理工作的效率和目标的达成。

课程管理环境的营造对于课程管理质量的提高尤为重要。管理者或是被管理者在良好、和谐的课程管理环境下都更能激发自身的潜能，投入课程的编制、实施及评价的过程之中。大学课程管理环境及条件评价制度的建立为管理环境营造行为确立了规范，是确保课程管理活动顺利运行时所需设施、条件等得到及时供给的制度，是整个课程管理评价制度的精神保障。

第二，大学课程管理评价制度及评价体系的建构。

大学课程管理评价制度及体系包含3项一级指标：课程管理制度建设，课程管理机构设置，课程管理环境条件，具体分布如表6–5所示。

表6–5　大学课程管理评价制度及评价体系

一级指标	二级指标	制度内容	分值 M_i	评价等级 K_i			
				1.0	0.8	0.6	0.4
课程管理制度建设35分	管理制度的建设	建有完整、规范、科学的课程质量管理制度、条例及规定，充分体现“以生为本”的教育理念，并配有完备的条件保障机制	18分	制度建设完备，设置健全	制度建设较为完备，设施比较健全	建有基本的管理制度，配备条件符合基本工作需要	管理制度建设不足设施不健全
	管理制度的执行	课程管理者自觉按照管理制度进行课程管理	17分	制度执行状况很好	制度执行状况良好	制度执行状况一般	没有按照制度执行
课程管理制度设置35分	管理机构设置的理念	符合师生的利益和需求，很好地体现了先进课程管理理念、学校发展战略和新课程改革计划	11分	设置理念符合先进管理理念符合师生利益	设置理念基本符合先进管理理念，基本符合师生利益	设置理念符合师生利益需求	设置理念没有与师生利益相契合，没有体现先进理念
	管理机构数量结构	校院系课程质量管理机构健全，校一级设有课程质量管理委员会，院系设有教研室，课程实施督导委员会及检查评估委员会等，机构组成人员来源宽泛	12分	设有三级课程管理机构，设有专门的课程管理委员会，机构成员来源广泛	设有三级课程管理机构，成员来源较为广泛	校院一级基本设有课程管理机构，组织成员较为广泛	校院一级缺乏专门的课程管理机构，已设机构人员来源较为单一
	管理机构的职责分配	三级课程管理委员会职责分配清晰明确，院系级主体性得到充分发挥	12分	职责分配清晰合理，各个机构彼此协调，院系主体性得到充分发挥	职责分配比较合理，各个机构能够形成良性互动	职责分配基本满足管理工作需要	职责分配模糊不清，存在职责重叠现象

续表

一级指标	二级指标	制度内容	分值 M_i	评价等级 K_i			
				1.0	0.8	0.6	0.4
课程管理环境条件30分	物理环境	学校依据课程目标对校园环境进行系统的规划安排，学校及课堂硬件设施设置很好地满足了课程管理工作需求	15分	设施设置齐全，设置具有科学性	设施设置比较齐全	设施设置基本满足管理需要	设施设置不齐全，不能满足管理需求
	心理环境	教学环境安全、舒适，课堂氛围开放、活跃，校园文化健康、和谐	15分	环境氛围营造非常和谐、舒适	环境氛围营造比较和谐	环境氛围营造安全舒适	环境氛围的营造不利于现代课程管理

（5）制定大学课程主体评价制度

毋庸置疑，各类大学课程评价制度的建构归根结底还要回归到“人”的身上，不论是制度的制定，还是制度的执行都离不开“人”的因素，因此，大学课程评价制度中最重要的因素就是对评价队伍本身的评价。

第一，大学课程评价主体评价制度的内容。

首先，评价主体的计算机和网络操作应用能力。用信息化的手段进行课程评价，可以提高工作的效率，因此必须对主体运用现代评价手段的能力进行评价；其次，注重评价主体的道德品质。虽然道德层面的评价工作具有很大的不确定性，但是关注评价主体的道德品质对评价工作的展开有着极其重要的作用。

和人紧密联系的莫过于制度文化，它存在于各种制度之中，即与课程评价制度价值理念相联系，又作为课程评价制度的人文环境而存在。人们对制度认识和看法的不同必然会影响对制度的态度，而由于态度的差异，制度的运行状况也会千差万别，因此，必须对评价主体的评价观念进行评价。

第二，大学课程评价主体评价制度及评价体系的建构。

大学课程评价主体评价制度及评价体系主要包括两项一级指标，即主体课程评价能力水平，主体课程评价认知程度，其下设有若干项二级指标，具体分布如表6-6所示。

表6-6　大学课程评价主体制度及评价体系

一级指标	二级指标	制度内容	分值 M_i	评价等级 K_i 1.0	0.8	0.6	0.4
主体课程评价能力水平50分	道德品质	学校注重评价主体职业道德建设，定期开展道德教育；评价主体评价行为符合职业道德规范，严格履行岗位职责	16分	每月开展一次主体道德教育，评价主体自觉遵守职业道德规范，履行岗位职责	每两月开展一次道德教育，评价主体自觉履行岗位职责	每学年开展一次道德教育，评价主体行为基本符合职业道德规范	评价主体没有严格按照规范履行职责，学校很少开展道德教育
	队伍结构	评价队伍构成多元化，包括课程实施主体、课程行政与管理主体、课程评价专家，家长与社会人士，其中课程实施主体、家长与社会人士所占比重不少于总人数的40%	16分	评价队伍构成多元，其中课程实施主体、家长与社会人士所占比例在40%以上	评价队伍构成多元，课程实施主体、家长与社会人士所占比例不低于35%	评价队伍构成多元，但实施主体、家长及社会人士在评价队伍中所占比例较低	评价主体较为单一，主要是由课程管理者及课程专家主导
	评价水平	各评价主体在参与评价前接受专门评价培训，掌握基本评价理论技术知识，计算机与网络操作能力强，能独立完成评价工作	18分	评价主体掌握基本评价理论技术知识，计算机运用水平能力强	评价主体基本掌握评价理论技术知识，计算机运用水平较强	评价主体了解评价技术，计算机运用水平一般	评价主体没有经过专业培训，计算机运用水平较差

续表

一级指标	二级指标	制度内容	分值 M_i	评价等级 K_i			
				1.0	0.8	0.6	0.4
认知程度50分	评价观念	评价主体充分理解现代课程评价理念并表示认同，自觉更新自己的课程评价理念，提升自身评价能力水平	25分	评价主体充分理解并认同新评价理念，自觉转变传统评价理念，提升评价水平	评价主体理解新评价理念，能根据新理念进行自我更新	评价主体能根据新评价理念进行评价工作，在一定程度上提升评价水平	评价主体对新评价理念理解不够，依旧采用传统理念指导评价工作
	评价态度	评价主体评价前具有很高的积极热情性，在评价过程中认真负责，严格按照规章制度进行评价，对于评价结果及时进行反馈	25分	评价主体认真负责，自觉按照规章制度进行评价，对于评价结果及时反馈	评价主体严格按照规章制度进行评价，评价结果基本做到及时反馈	评价主体基本能够按照规章制度进行评价	评价主体热情度低，不能严格按照规章制度进行评价

在实际评价过程中采用百分制记分，各项所占权重用p表示，其中课程资源一项所占权重为18%，课程编制一项占25%，课程实施一项占25%，课程管理一项占20%，课程评价主体一项占12%。每一项评价总分用V_n表示，$V_n=p\times\sum K_{ni}M_{ni}$，（$n$为项数），其中$K_i$为评分等级系数，A、B、C、D的系数分别为1.0、0.8、0.6、0.4，M_i是各二级指标的分值如表6–7。为了保证评价的准确性、公正性与客观性，评价结论必须由课程质量管理委员会、评价专家小组及学生、教师等多方面的评价结果汇总而成，其中管理委员会、评价专家小组评估分数占总分数的60%，师生的评价分数占40%，后经学校课程管理委员会审核通过，在全校公布。参见表6–7。

表6-7　课程质量评价总评分表

	得　分	等　级
课程资源 （$V_1=18\%\times\sum K_iM_i$）		
课程编制 （$V_2=25\%\times\sum K_iM_i$）		
课程实施 （$V_3=25\%\times\sum K_iM_i$）		
课程管理 （$V_4=20\%\times\sum K_iM_i$）		
评价主体 （$V_5=12\%\times\sum K_iM_i$）		
总得分 （$V=V_1+V_2+V_3+V_4+V_5$）	90分以上	优秀
	75~89分	良好
	60~75分	合格
	60分以下	不合格

注：评价总分为100分。

第五节　大学课程评价制度的改革创新

建构合理完备的高校课程评价制度有利于消解课程评价过程中的价值模糊和程序混乱，有助于将有价值的大学课程评价引向切实有效之路。然而，仅仅依靠一系列规章制度并不能保证我们期望评价活动出现的改变在高校中形成常规。根据新制度主义理论，制度形成需要有三大支柱，即规定、规范与文化认知，其中文化认知能使处于特定情境中的人们以某种特定的方式思考问题成为一种理所当然之举①。因此课程评价制度在实施过程中如若缺少了新的专业规范与文化认知的支撑，其实施过程也只能是步履维艰。

① 尹弘飚.论课程变革的制度化——基于新制度主义的分析[J].高等教育研究，2009(4)：75-81.

一、树立大学课程评价制度的文化理念

1.发展大学课程质量文化

随着大学课程评价活动的不断发展，课程质量评价活动已逐步超越了其技术范畴而演变为一种文化现象——质量文化。这种质量文化不仅仅渗透进了课程质量评价活动之中，还决定着整个评价活动的价值取向。它潜移默化地影响着大学教职员工的教学思想和行为，使人们对课程的质量观念、质量规范等产生使命感和认同感，并形成一种自觉的约束机制，从而使他们能动地参与质量评价活动。

有学者指出，当前大学质量文化要以“两个优先”为基本出发点，以“三全”的质量意识为主要内容，在大学建设“质量是生命线”为中心并同时充分反映学校特色的校园文化。“两个优先”即是学生较于教师优先，而教师较于管理人员优先。首先，学生作为课程的主要获益者，对于课程质量的反馈意见应成为课程评价的主要方式；其次，由于长期受官本位思想影响，教育行政部门一直是课程评价的主要领导者，代表着一种权力性的评价话语，自上而下向教师提出要求，完全漠视教师的评价“话语权”，这是完全不合理的，在大学质量文化建设中必须改变这一现象。

至于“三全”质量意识实际上就是现代质量管理理念的反映，即“全员”“全面”“全过程”，在此尤其需要注意全过程，这也是现代教育质量观的新内容。现代质量管理理论认为，产品质量包括产品的最终质量（需求质量）和形成产品的工作过程质量（包括设计质量和保证质量）。质量不是末端检测与评估出来的，而是依照整体的优化设计和全过程的质量监控来实现的[①]。从这个理论角度出发，我们在对课程质量进行评价时，其关注点不能仅仅停留在已成事实的静止状态和结果上，而应该是从起始阶段开始的课程资源开发、编制过程与动态的课程实施过程的有机结合，使整个课程活动过程始终处于受控状态，防止与限制影响质量因素的出现与恶化。营造良好的质量文化能够为大学课程评价活动的开展创造良好的评价条件和环境，进而保证课程评价制度的有效实施。

① 陈玉琨，代蕊华，杨晓江，等. 高等教育质量保障体系概论[M]. 北京：北京师范大学出版社，2004：110-111.

2. 强调发展性教育价值文化

众所皆知，我国的大学活动一直从属于国家价值观，国家作为大学的主要管理者与承办者，更多的是把大学作为其参与国家竞争的有力工具，表现在课程评价本质观上，政治性重于技术性，管理监督重于服务指导，效率重于公平。尤其是长期以来，我国大学的课程评价活动由于受行政化倾向的影响，已逐渐成了国家管理大学的一种重要手段。因此，在这一背景之下，大学课程评价制度慢慢滑向了狭隘、封闭与严苛的学业考试制度，选拔成为课程评价的唯一功能。然而，在高等教育大众化的今天，这种纯粹是以选拔功能为主的课程评价制度必然不符合时代发展的潮流，其土崩瓦解的命运也是注定的。

大学课程评价制度建设应该向最本真的意义回归，重视在科学研究的基础上突出发展性，不仅指向教育本身目的需求的满足与发展，更重要的是能够为人及社会的持续发展提供原动力。首先，课程评价的目的是为了实现大学自身的持续发展，进而实现人的全面发展，因此，课程评价必须指向大学课程本身的问题。其次，课程评价作为一种选拔的手段，在评价过程中必须体现公平性和选择性，而其作为促进学习和检测学习结果的手段，必须体现出显著的帮助性与灵活性。最后，课程评价不仅仅是对大学课程质量优劣的鉴定与鉴别，更重要的是要通过评价，诊断出大学课程发展过程中已然存在的或潜在的一些问题，寻找课程本身的价值，使课程评价更多地体现大学教育的特点，符合大学育人的本质。

3. 倡导质量与文化相一致的评价理念

要想课程评价制度真正发挥应有的效用，仅仅依靠规则是不够的，最重要的是要使评价人员能够理性的接受和认同制度背后掩藏的理念成分，发挥评价制度对参与者的专业引领作用。为此，大学在建构课程评价制度时，必须体现“理念先行”的原则，大力提倡与质量文化相一致的评价理念，这种理念不仅要在评价指标体系、程序规范中得到体现，还要在评价人员的培训、评价活动的开展中得到推崇，使之渗透至课程系统的各个环节之中。

（1）“以生为本”的评价理念

每一个学生之间不管是在心理或生理等内部因素方面，还是在成长的外在环境方面，都是各有所异的。为此，学生不仅在知、情、意方面各有特点，在知识背景、家庭、社会方面也都存在不同程度的差异。这就决定了学生的知识基础、学习能力、学习情感、注意力等方面是不同的。所以，在对不同特点的学生进行评价时必须要以学生已有能力背景因素为依托，在对知识、技能、智力等方面发展水平进行评价的同时，评价学生的情感、态度、个性、人格等非认知因素的发展。与此同时，借鉴美国“多元评价”理念，建立以学生评价为主的课程评价机制，把教育教学的参与权和选择权交给学生，以此推动学生能力的全面发展。

（2）多元化的评价主体理念

传统的课程评价是自上而下的，带有浓厚的行政化色彩，因此，课程评价往往成为教育主管部门的专权，教师作为课程评价的主要参与者，始终处于被动的局面。可是从宏观的课程系统来看，教师不仅仅是课程实施的主体，还积极参与了课程的编制、修改乃至评价工作，因此，教师必须作为主体性存在参与课程评价过程。与此同时，学生作为课程实施的直接受益者，对于课程质量的好坏有一定的发言权，因此，必须将学生也纳入课程评价主体的行列。为了体现多元化的评价理念，评价主体除了上述的教师、学生、管理部门之外，还应该包括专门评价机构、学生家长、学校外的社会专门团体等。

（3）人文化的评价方法理念

大学课程评价制度作为一种新的制度建构必须要有相应的方法论为基础。在后现代主义课程评价理论的影响下，导向和谐和合作的评价方式倍受推崇。它要求必须摒弃以往的关注个体的评价方式，倡导一种面向群体，通过适当的环境引导群体进入合作的共同工作，并在工作过程中实行评价①，这与“以人为本”价值理念相契合，充分展现了人人关系的有机和谐。

为了与新的课程评价方式相符合，我们必须改变传统的纯粹量化课程评价方法，将质性评价与量化评价结合在一起，既要评价课程活动的结果，又要评价课程活动的过程，既关注学生认知方面的发展，又要关注非认知因素的提升，明确课程评价的目的不是为了追求控制和区分出等级，而是为了揭示课程的内涵和价值，进而使个体认识到自身或评价对象的美的底蕴。

二、突出大学课程评价制度自身的合法性

① 张晓洪，高顺．论高校质量文化建设[J].辽宁教育研究，2002(4)：7-9.

合法性是所有制度追求的最终目标。一项制度之所以能够获得人们的认同并长期持续，其原因就在于它成功地确立和维持了自己的合法性。用相对灵活的课程评价制度取代僵化的评价结构势必会遇到种种困境。新的评价制度既有可能取代传统结构，成为新的行为规范，也有可能被传统结构拉回到原有制度的轨道上。因此，为了确保课程评价制度的顺利实施，首先必须突出它自身的合法性，唯有此，评价制度才能按照既想的步伐前行。

评价制度的合法性取决于评价制度的权力结构，为此，必须首先变革评价制度的权力组织机构，变政府主导型为学校自主型，遵循课程评价主体多元化发展趋势，赋予师生及家长、社会人士等评价主体更多的话语权。其次，明确指出传统课程评价结构存在的缺陷和不足，清晰诠释新课程评价制度的优越性与价值所在，使参与评价者初步了解新制度提出并实施的原因。最后，为了增强理论的可信性，学校应列举一些具体的评价实例，通过成功的案例来向人们证明新课程评价制度确实可以很好地弥补旧有制度的缺陷，具有规范化的评价程序，能够保证评价结果的科学客观性。

主要参考文献

[1]哈佛委员会.哈佛通识教育红皮书[M].李曼丽,译.北京:北京大学出版社,2010.

[2]王玉坤.大学通识教育课程设置的比较研究[D].镇江:江苏大学,2014.

[3]李曼丽.通识教育——一种大学教育观[M].北京:清华大学出版社,1999.

[4]王义遒.谈学论教集[M].北京:北京大学出版社,1997.

[5]黄延复,马相武.梅贻琦教育思想研究[M].沈阳:辽宁教育出版社,1994.

[6]童富勇.中国近代教育史资料汇编——学制演变[M].上海:上海教育出版社,1991.

[7]翁波.学分制下大学生自主学习研究[D].长沙:湖南农业大学,2006.

[8]韩亚红.大学选修课程改革对策研究[D].镇江:江苏大学,2015.

[9]刘春香.美国基于共同标准的课程改革:策略与启发[D].上海:华东师范大学,2014.

[10]杨红珍.我国课程改革20年:回顾与前瞻[D].长沙:湖南师范大学,2012.

[11]徐志强.自由与使命[D].保定:河北大学,2013.

[12]陈卓.大学生学习自由研究[D].长沙:中南大学,2003.

[13]张静利.大学国际化课程体系的建构[D].镇江:江苏大学,2015.

[14]宋晓洁.美国高等教育政策影响下的大学课程设置[D].长沙:湖南师范大学,2007.

[15]丁玲.中美大学国际化实践及发展趋势研究[D].武汉:华中科技大

学,2012.

[16]薛天祥.高等教育学[M].桂林:广西师范大学出版社,2001.

[17]张伟.高校课程生成机制研究[D].镇江:江苏大学,2011.

[18]霍尔姆斯B,麦克莱恩M.比较课程论[M].张文军,译.北京:教育科学出版社,2001.

[19]王承绪.学术权力——七国高等教育体制比较[M].杭州:浙江教育出版社,1989.

[20]贺国庆,王保星,朱文富,等.外国高等教育史[M].北京:人民教育出版社,2006.

[21]王婷.高校课程制度研究[D].镇江:江苏大学,2011.

[22]杨春梅.英国大学课程改革与发展[M].北京:北京理工大学出版社,2006.

[23]丁念金.课程论[M].福州:福建教育出版社,2007.

[24]克拉克·克尔.大学的功用[M].南昌:江西教育出版社,1993.

[25]弗兰斯·范富格特.国际高等教育政策比较研究[M].杭州:浙江教育出版社,2001.

[26]张永宏.组织社会学的新制度主义学派[M].上海:上海人民出版社,2007.

[27]章林.高校课程评价制度[D].镇江:江苏大学,2013.

[28]喻长霖.京师大学堂沿革略[M].北京:人民教育出版社,1998.

[29]马克斯·韦伯.经济与社会(上卷)[M].林荣远,译.北京:商务印书馆,1997.

[30]黑格尔.法哲学原理[M].范扬,译.北京:商务印书馆,1961.

[31]佐藤正夫.教学论原理[M].钟启泉,译.北京:人民教育出版社,1996.

[32]钟启泉.课程论[M].北京:教育科学出版社,2007.

[33]王本陆.中国教育改革30年(课程与教学卷)[M].北京:北京师范大学出版集团,2009.

[34]乐无恙.对"第四代评价理论"的探讨[D].北京:北京师范大学,2004.

[35]钟启泉.课程评价论[M].上海:上海教育出版社,2002.

[36]王欢欢.后现代高校课程评估体系研究——以人文社科类课程群评估为例[D].苏州:苏州大学,2008.